Lieber Gott, du bringst Licht

Bernhard Hopf / Susanne Raab

Lieber Gott, du bringst Licht

Kindergottesdienste für die Advents- und Weihnachtszeit

Mit Liedanhang

Matthias-Grünewald-Verlag · Mainz

Der Matthias-Grünewald-Verlag ist Mitglied
der Verlagsgruppe engagement

Die Deutsche Bibliothek – CIP-Einheitsaufnahme

Ein Titeldatensatz für diese Publikation ist bei
Der Deutschen Bibliothek erhältlich

Umschlaggestaltung: Matlik & Schelenz, Selzen
Umschlagfoto: Gerti Burbeck, Mönchengladbach

ISBN 3-7867-2390-7

Inhalt

2. Gottesdienstreihe: Adventliche Zeichen erzählen von Jesus

3. Gottesdienstreihe: Engel Gottes begleiten uns durch die Adventszeit und verkünden die Frohe Botschaft

Einleitung

„Im Anfang war das Wort, und das Wort war bei Gott, und das Wort war Gott ... Alles ist durch das Wort geworden." (Joh 1,1f) In diesem theologischen Satz aus dem Anfang des Johannesevangeliums, der die zentrale Botschaft des Weihnachtsfestes bildet, sehen wir die Mitte unserer Bemühungen bei der Gestaltung und Feier von Wortgottesdiensten für und mit unseren Kindern. Gottes Wort für die Menschen und vor allem für die Kinder unserer Zeit ansprechend und wirklichkeitsnah zu verkünden, ist Aufgabe aller Eltern und ErzieherInnen, denen daran liegt, dass die christliche Religion auch weiterhin das Leben der Menschen prägt. Gerade in unserer Zeit, in der in den Medien so viele Worte gemacht werden, der Mensch sich immer mehr entscheiden muss und es den Kindern immer schwerer fällt, lebenswerte Werte für sich auszuwählen, kommt es darauf an, Gottes Wort als Lebensgrundlage so zu verkünden, dass es von möglichst vielen erfahren und geglaubt werden kann.
Vielleicht ist deshalb heute – mehr noch als vor ein paar Jahren – eine Ganzheitlichkeit in allen Methoden wichtig, da sonst die Erlebniswelt in viele einzelne Bereiche aufgespalten ist. Gerade in der religiösen Erziehung und der darin gemachten Erfahrung muss der Mensch als Ganzes, mit Leib und Seele, angesprochen werden, damit er spüren kann, dass er wirklich so sein darf, wie er ist. So kann er seine Heimat im Glauben an Gott neu finden, der sich uns immer wieder von neuem in und durch sein Wort erschließt.
KatechetInnen und GottesdienstleiterInnen haben diese wertvolle und schöne Aufgabe, Gottes Wort und sein Heilshandeln in der Geschichte in der jeweiligen Situation zu erschließen. Dazu sind heutzutage Methoden notwendig, die Kinder zunächst dort abholen, wo sie sind, und sie dann zu ihrer eigenen Mitte und zur Ruhe führen, wo sich religiöse Erfahrungen machen lassen als Urerfahrungen der Geborgenheit und des Angenommenseins. Hier kann Gottes Wort dann aufgenommen werden und wirken, damit der Mensch das Heil erfährt.

Die Advents- und Weihnachtszeit ist auch heute noch der optimale Zeitpunkt für tiefe religiöse Erfahrungen. Mit unseren Kindergottesdiensten wollen wir dazu beitragen, dass neben dem familiär-festlichen Gepräge dieser Zeit auch die traditionell-kirchlichen Inhalte weiter tradiert und von den Familien als lebendig erfahren werden. Die biblischen Geschichten der Advents- und Weihnachtszeit und die „besonderen Heiligen" dieser Tage können auch heute noch die Botschaft vom menschgewordenen Gott bezeugen. In Jesus ist er Mensch geworden und uns so nahe gekommen, dass wir ihn finden können in den menschlichen Erfahrungen von Liebe und Geborgenheit.

Aufbau der Gottesdienste

Wir gehen deshalb in unseren Gottesdiensten von diesen urmenschlichen Erfahrungen von Gemeinschaft und Geborgenheit aus, indem wir die Kinder im Kreis versammeln, zur Ruhe kommen lassen und uns auf das Zentrum konzentrieren, wo wir Gottes Wort als lebensgrundlegend erfahren können.
Die einzelnen Gottesdienstelemente bleiben weitgehend gleich, damit eine gut tuende Struktur die Feier trägt. Dabei verstehen wir Kinderliturgie als Teil der Liturgie der Kirche, in der alles aufeinander aufbaut, die aber auch in ihren einzelnen Formen gefeiert werden kann. Den Kindern soll so die Liturgie der Kirche als ein Schatz nahe gebracht werden, der ihnen in allen Lebenslagen hilfreich erscheinen kann.
Bei den vorliegenden Gottesdiensten haben wir für die Adventszeit einschließlich der Kindermetten drei „Gottesdienstreihen" angeboten, damit diese gerade für Kinder und Familien wichtige Zeit als Ganzes unter einem Thema gefeiert werden kann. Diese Gottesdienste bauen aufeinander auf und führen jeweils zur Kinderchristmette als Höhepunkt hin.
Die einzelnen Gottesdienste der Reihen können aber auch für sich gefeiert werden, da jeder Gottesdienst ein eigenes Thema hat und durch dieses zum Weihnachtsfest hinführt.

Die einzelnen Teile des Gottesdienstes

Ganz wichtig erscheint es uns, dass der Ablauf und wesentliche Teile auch in der Kinderliturgie klar und bekannt sind. So ergibt sich daraus für uns, dass wir immer mit einem **Eröffnungsteil** beginnen. Hier wird in das Thema des Gottesdienstes eingeführt und die Versammlung als solche wahrgenommen. Mit dem **Kreuzzeichen** wird bewusst die Verbindung zu Gott und zu den Menschen deutlich gemacht.

Die zur Frohen Botschaft hinführende **Katechese** bereitet den Boden für Gottes Wort bei den Kindern und holt sie in ihrer Erfahrungswelt ab. Hier darf der ganze Mensch mit Leib und Seele vorkommen.

Die **Frohe Botschaft** ist der Hauptteil eines jeden Gottesdienstes. Das Wort Gottes wird hier für die Kinder so verkündet, dass es eine Wirklichkeit für ihr Leben bekommen kann. Methodisch kann die Verkündigung auf verschiedene Weise ausgeformt werden.
Zur Eröffnung der Verkündigung singen wir immer das Lied zum Evangelium: „In den Gedanken und Worten mein, in meinem Herzen willst du bei mir sein." Dabei bekreuzigen wir uns mit dem so genannten „kleinen Kreuzzeichen" auf Stirn, Mund und Herz, wie es aus dem Einleitungsdialog zum Evangelium bekannt ist.
Das Evangelium kann auf verschiedene Weise (Hören, Spielen, Erleben) verkündet werden. Wichtig ist, dass die Methode zum guten Erleben der Frohen Botschaft verhilft.

Im **Gebet** antwortet der Mensch auf die Frohe Botschaft. Deshalb schließt sich in unseren Gottesdiensten an die Verkündigung der Gebetsteil an. In mannigfachen Formen dürfen wir auf Gottes Wort antworten und ihm unser Leben hinhalten. Mit dem Gebet des Herrn, das wir mit Gesten beten, beschließen wir diesen Teil.

Der **Segen** steht am Schluss der Feier und verbindet den Gottesdienst mit dem Alltag. Im Segensgebet wird der Gottesdienst abgerundet und die Kinder werden unter den Schutz Gottes gestellt.

Mit dieser Form der Feier erhalten die Gottesdienste einen dynamischen und liturgisch geregelten Rahmen, der für die Vorbereitungsgruppe und die Mitfeiernden wohltuend ist.

Ganzheitlich – anschaulich

Die Advents- und Weihnachtszeit ist wie keine andere Zeit im Laufe eines Jahres von den Gefühlen bestimmt. Die adventliche und weihnachtliche Dekoration tut das ihre dazu, und wir Menschen brauchen das wenigstens ein Mal im Jahr. Der ganze Mensch mit all seinen Gefühlen darf in dieser Zeit im Mittelpunkt stehen, weil im übrigen Jahr dazu oft nicht die Zeit oder der Mut vorhanden ist. Unsere Gottesdienste gehen selbstverständlich davon aus, dass der Mensch immer ganzheitlich ist, sein Leben so führen soll, damit es ihm gut geht, und dies auch in den (gottesdienstlichen) Feiern zum Ausdruck kommen darf.
Deshalb greifen wir auf die ganzheitlich-anschauliche Methode zurück, die vor über drei Jahrzehnten von Franz Kett entwickelt worden ist und auch heute noch ihre Berechtigung hat. Denn darin werden die Ursehnsüchte des Menschen, die bei den Kindern oft noch natürlich vorhanden sind, angesprochen. Auf diese Weise werden die Kinder zur Mitte und zur Sammlung geführt, die es ihnen ermöglicht, religiöse Erfahrungen zu machen. Dieses ganzheitliche Tun ist liturgisches Feiern im ursprünglichen Sinn überhaupt, wie es auch die Liturgiekonstitution des Zweiten Vatikanischen Konzils für alle liturgischen Feiern fordert (vgl. Liturgiekonstitution Art. 14).

Gottesdienst beginnt mit der Vorbereitung

Ganz wichtig bei unserer Arbeit ist die Vorbereitung der Gottesdienste in Elterngruppen, in denen das aktuelle Leben mit der biblischen Botschaft in Zusammenhang gebracht wird. Im gegenseitigen Austausch entstehen Ideen der Glaubensweitergabe an die Kinder in dem Maß, wie wir als Eltern und Erzieher unseren Glauben mit dem Leben verbinden können. Dieser induktive Ansatz gibt die Garantie lebensnaher Feiern, in denen die

MitarbeiterInnen als ZeugInnen des Glaubens sich selbst erfahren können. Manche Gottesdienste müssen vorher „geprobt“ werden, damit zum Beispiel Spielszenen von den Mitfeiernden gut erfahren werden können. Diese Proben verstehen wir bereits als liturgisches Tun, denn gerade hier wird eine Auseinandersetzung mit der Bibel und dem eigenen Verstehen und Glauben erreicht. Je nach Art des Spiels übernehmen Kinder – oder auch Erwachsene – bestimmte Rollen selbst, um spielerisch, mit Gestik und eigenen Worten, das Wort Gottes zu verkünden, das unserem Leben einen Sinn gibt.

Nützliche Technika

Sehr viel hängt von der liebevollen Vorbereitung und dem richtigen „Material“ ab. Egal, ob es sich um Spielpuppen, Kleider für Spielszenen oder Ähnliches handelt, alle diese Materialien sollten sorgfältig ausgewählt und gestaltet sein. Ebenso nützlich sind Naturmaterialien, die man im Rahmen der Familienarbeit bei Wanderungen und Ausflügen sammeln kann. Somit verbindet sich die liturgische Dimension mit den anderen Aktivitäten in der Gemeinde, und verschiedene Gruppen können so mitarbeiten.
Gute Erfahrungen machen wir auch mit unserer Instrumentalgruppe. Dies sind Kinder und Jugendliche, die selbst dem Kindergottesdienst-Alter entwachsen sind, durch ihre musikalische Begabung aber nun ein Dienst an der nachfolgenden „Kindergeneration“ leisten können.

Die Feier an sich

Wichtig ist nicht, dass die Feier perfekt verläuft, sondern echt: das heißt, dass jede(r) Mitwirkende so sein kann, wie er ist, und sich so in den Gottesdienst einbringen darf. Alle Bewegungen, Handlungen, Aktionen und alles Reden soll zur Mitte hinführen, um die wir uns versammelt haben. Diese Mitte muss nicht unbedingt der Mittelpunkt eines konzentrischen Kreises sein, sondern ein von allen gut einsehbarer und erfahrbarer Ort im Gottesdienstraum. An diesem Ort konzentriert sich die Handlung des Geschehens. Hier wird gelegt, entdeckt, geschaut und gespielt. An diesem Ort erscheinen die zentralen Symbole und von hier gehen Impulse aus. Dieser Handlungsort muss aber auch im Verlauf eines Gottesdienstes nicht ein und derselbe sein, sondern kann sich verlagern, indem die Gemeinde neue Orte aufsucht und sich in Prozessionen dorthin begibt.

Liturgie feiern

Wenn möglichst viele aktiv am Geschehen beteiligt sind, dann wird die Feier gut. Diesen Grundsatz, den auch das Konzil herausgestellt hat, wollen wir in unseren Kindergottesdiensten verwirklichen.
Dabei sind klare Absprachen zwischen den einzelnen Handelnden in der Vorbereitung notwendig und eine sinnvolle Rollenaufteilung. Wir erfahren es als positiv, wenn die Leitung in den Händen einer Person liegt, die die wesentlichen Teile des Gottesdienstes zusammenfügt, sodass ein roter Faden entsteht. Sie/er koordiniert den Verlauf der Feier, kann somit auch spontan auf die Kinder und die Situation eingehen und dann wieder zum „geplanten Ablauf" führen.
Ein/e andere/r ist zuständig für die Interaktion mit den Kindern, indem er/sie diese herbeiholt und ihnen ihre Aufgaben übergibt. So wird die Kinderliturgie auch zum gemeinsamen Feiern der Generationen.
Der/die Musikbeauftragte kümmert sich um die Lieder und Instrumentalstücke. So tut jeder das, wozu er seine Befähigung hat. In diesem Zusammenspiel wird auch deutlich, dass Liturgie Auftrag der ganzen christlichen Gemeinde und nicht eines Einzelnen ist.

Dank

Wie bei unserem Buch „Lieber Gott, wir sind hier" danken wir an dieser Stelle allen, die immer wieder mit beitragen, dass Liturgie für Kinder ansprechend und erlebnisreich sein kann, und die so zum Entstehen dieses Buches beigetragen haben.
– Ganz herzlich bedanken wir uns bei den Frauen aus Wildflecken, die in den letzten 10 Jahren in der Kindergottes-

dienstgruppe mitgedacht und vorbereitet und so für und mit den Kindern und Familien lebendige Gottesdienste gefeiert haben. Sie geben in zeitgemäßen Formen den Glauben an die Kinder weiter und sind so Zeuginnen von Gottes Reich in unserer Welt.

- Herzlichen Dank auch den Kindern, Jugendlichen und Erwachsenen, die durch ihre Fähigkeiten im musikalischen, spielerischen und kreativen Bereich die Gottesdienste wesentlich mitgestalten.
- Doris Hopf hat unsere Arbeit kritisch begleitet und uns durch ihre künstlerische Ader unterstützt, indem sie zahlreiche Lieder komponiert und die Zeichnungen für die Legearbeiten angefertigt hat. Herzlichen Dank dafür.

Wildflecken/Riedenberg, in der Weihnachtszeit 2001/2002
Bernhard Hopf
Susanne Raab

Martin öffnet die Herzen der Menschen

Anlass/Themenkreis	Fest des hl. Martin (11. November), Lichterfest im Herbst
Ziel	Die Kinder lernen Martin als Menschen kennen, der vorbehaltlos mit anderen teilt und so in seinem Leben, in der Nachfolge Jesu, Zeichen christlicher Nächstenliebe setzt
Vorbereitungen	Das Martinsspiel und der Lichtertanz werden mit Kindern geprobt Martinsmantel mit Klettverschlüssen zum Teilen präparieren Benötigtes Material wird gemäß der Skizze bereitgelegt
Weitere Materialien	Bibel Teppichstücke als Platz für Spielkinder Kleidung für Spielkinder (Martin: Helm, Schwert, Mantel, Bischofsmütze; Bettler: altes Hemd; 2 Wachen: Helm, Schwert; Jesus: helles Gewand, Jesuskerze; Torkinder: braune Kleidung; Mauerkinder: braune Kleidung; Leute der Stadt) Schaukelpferd mit Rollen Schwarze und gelbe Tücher in Anzahl der „Mauerkinder" CD-Player mit Lichtertanz oder Laternentanz; Laternen oder Kerzen für Tanz 5 Kerzen für Fürbitten Orffinstrumente: Glockenspiel, Trommel, Becken, Triangel

Gottesdienstübersicht

Hinführung zum Spiel

Martinsspiel

Laternen-/Lichtertanz

Evangelium: „Was ihr dem Geringsten getan habt, das habt ihr mir getan" (Mt 25,40b)

Fürbitten

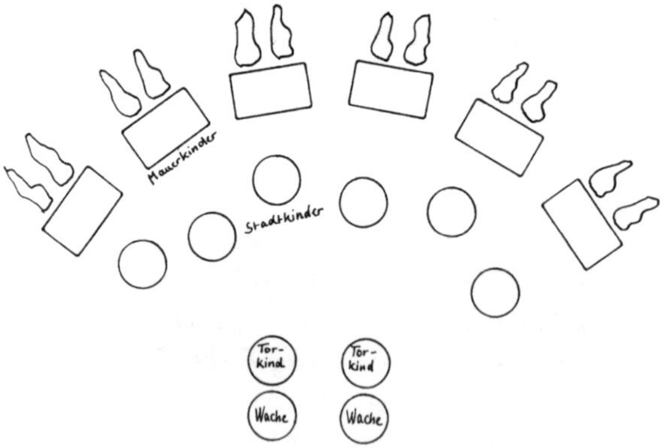

Gottesdienstverlauf

Lied: Wir feiern heut ein Fest („Troubadour für Gott"[1] = Tr 1047)

▼

Begrüßung und Hinführung

Liebe Kinder und liebe Erwachsene, ich begrüße euch alle ganz herzlich zu diesem Gottesdienst. Mit Laternen seid ihr in die Kirche gekommen, mit leuchtenden Laternen werden wir dann später durch unsere Straßen ziehen. Am Schluss unseres Zuges wird ein großes Feuer diesen dunklen Abend erhellen. Ja wir feiern heute ein Fest, so wie wir es gerade gesungen haben. Wir feiern ein Lichterfest, das Fest des hl. Martin. Er hat Licht und Wärme zu den Menschen gebracht; er hat die Herzen der Menschen geöffnet. In einem Spiel werden wir erleben, was Martin selbst vor langer Zeit erlebt hat.

▼

Kreuzzeichen

Wie Martin sich immer wieder mit anderen Menschen verbunden hat, indem er ihnen geholfen hat, so verbinden auch wir uns jetzt untereinander und mit Gott mit dem Kreuzzeichen und beten gemeinsam: Im Namen des Vaters …

▼

Martinsspiel

Alle Spielkinder sitzen auf den vorbereiteten Teppichen; hinter den „Mauerkindern" liegt jeweils ein schwarzes und gelbes Tuch. Die Kinder stehen auf, wenn sie in der Geschichte vorkommen. Aus dem Text ergeben sich die Handlungen der Kinder. Die wörtliche Rede kann von den Kindern gesprochen, aber auch von einem Erzähler/einer Erzählerin übernommen werden.

Vor vielen Jahren – so erzählt eine Geschichte –, gab es eine Stadt, in der die Menschen glücklich und zufrieden miteinander lebten. Sie grüßten sich freundlich, sie halfen einander, wo immer sie konnten.
Leute der Stadt begrüßen sich. ♫ *Glockenspiel*

[1] Das Liederbuch „Troubadour für Gott" wird herausgegeben vom Kolping-Bildungswerk, Diözesanverband Würzburg e.V., Sedanstr. 25, 97082 Würzburg. Die Nummern entsprechen der erweiterten Ausgabe von 1999.

Eines Tages aber gab es einen großen Krieg. ♫ *Trommelwirbel*
Die Stadt wurde zerstört, und die Menschen wurden beraubt. *Leute der Stadt setzen sich auf ihre Teppiche und halten ihre Hände über den Kopf.*
Als nach vielen Jahren wieder Ruhe eingezogen war und die Menschen ihre Häuser wieder aufgebaut hatten, sagten die Bewohner der Stadt zueinander: *Leute der Stadt stehen auf.*
„Das soll uns kein zweites Mal passieren." ♫ *Trommel*
„Wir lassen keinen Fremden mehr herein." ♫ *Trommel*
„Wir bauen eine Mauer." ♫ *Trommel*
„Wir schließen die Tore zu." ♫ *Trommel*
Die Angst der Menschen war so groß, dass sie eine Mauer um die Stadt bauten, so hoch, dass sie niemand übersteigen konnte. *Jedes Kind der Stadt wendet sich einem „Mauerkind" zu und errichtet mit ihm symbolisch die Mauer. „Mauerkinder" stehen auf und halten sich an den Händen.* ♫ *Becken*
Sie machten die Tore der Stadt so fest zu, dass keiner sie aufbrechen konnte, und stellten zwei Wachen davor. *„Torkinder" stehen auf und halten sich an den Händen. Wachen stehen auf und salutieren mit dem Schwert.* ♫ *Becken*
Als sie fertig waren, sagten sie zueinander: „Nun haben wir endlich Frieden." So war es dann auch. Keiner kam mehr in die Stadt hinein. Die Wachen sagten zu jedem, der in die Stadt wollte: „Geht weg, hier kommt kein Fremder rein!" ♫ *Trommel*
Nun hatten die Menschen ihre Stadt ganz für sich. Sie brauchten nichts mehr herzugeben, nichts mehr zu teilen. Sie brauchten keine Angst mehr zu haben. Doch froh waren sie nicht. Bald zog sich jeder in sein Haus zurück. *Leute der Stadt setzen sich auf Teppiche.* ♫ *Becken*
Keiner wollte etwas mit dem anderen zu tun haben, keiner traute dem anderen. So wurde es dunkel in dieser Stadt. Dunkel wurde es auch im Herzen der Menschen. *„Mauerkinder" halten schwarze Tücher hoch.* ♫ *Trommel*
Eines Tages kam wieder einmal ein Bettler vorbei, der Hilfe suchte. *Bettler läuft vor dem Tor auf und ab und macht Gesten zum folgenden Lied:*

Lied: Ein armer Mann, Str. 1–3 (Nr. 5)[2]

So setzte sich der arme Mann hungernd und frierend vor das Stadttor. Er konnte nicht mehr weitergehen. Doch was geschah dann? *Martin kommt mit Pferd und macht Gesten zum folgenden Lied:*

Lied: Ein armer Mann, Str. 4 u. 5 (Nr. 5)

Der Bettler bedankte sich bei Martin. Martin aber ging zum Stadttor und bat um Einlass: „Ich soll eine Botschaft in die Stadt bringen!" So ließen ihn die Wachen hinein. Martin sah keinen Menschen in der Stadt. Alles war dunkel. Kein Licht war zu sehen in den Häusern. ♫ *Trommel*
Martin geht in eine Herberge und legt sich zu Bett. *Martin legt sich nieder.*
In dieser Nacht hat Martin einen Traum. ♫ *Glockenspiel*
Im Traum kommt Jesus zu ihm. *Jesus mit Kerze erscheint und stellt sich zu Martin.*
Jesus sagt: „Martin, das, was du heute mit dem Bettler getan hast, hast du an mir getan. Du bist mein Freund. *Jesus geht wieder.*
♫ *Triangel*
Als Martin aufwacht, steht sein Entschluss fest: „Ich will ein Freund von Jesus sein, ich brauche meinen Helm und mein Schwert nicht mehr. *Martin legt Helm und Schwert ab.*
♫ *Trommel*
Von diesem Tag an beginnt Martin, sich um die Menschen der Stadt zu kümmern. Er beginnt, die Herzen der Menschen zu öffnen. *Martin geht zu jedem Stadtkind. Bei der Begegnung tritt ein „Mauerkind" mit einem gelben Tuch dazu und stellt sich hinter das Stadtkind, das sich erhebt.* ♫ *Triangel*
Martin redet mit ihnen. Er hilft den Kranken und den Armen. Da, wo Martin ist, spüren die Menschen Wärme und Licht; es geht den Menschen ganz gut. Und bald begreifen die Leute, was zu tun ist. Sie sagen zueinander: „Wir müssen unsere Häuser und unsere Stadt wieder aufmachen!" ♫ *Triangel*
„Jeder soll bei uns willkommen sein!" ♫ *Triangel*
„Martin hat uns das gezeigt!" ♫ *Triangel*

[2] Siehe Liedanhang.

Und so treten sie aus ihren Häusern heraus. Sie machen das Tor der Stadt auf, und mit dem Tor machen sie auch ihre Herzen auf. In der Stadt wird es wieder hell und warm.
♫ *Glockenspiel*
Einige Jahre später wählten sie Martin zum Bischof ihrer Stadt. *Stadtkinder stellen sich im Kreis um Martin. Ein Kind setzt ihm die Bischofsmütze auf.* ♫ *Triangel*

Martin hat ihnen ihre Herzen, ihre Häuser und Tore wieder geöffnet. Er hat Licht und Wärme zu ihnen gebracht. Deshalb ziehen wir am Martinstag auch heute noch mit Lichtern durch die Straßen, um an die guten Taten des heiligen Martin zu erinnern.

Zur folgenden Liedstrophe treten die Spielkinder ab, und die Tanzkinder stellen sich zum Tanz auf.

Lied: Ein armer Mann, Str. 6 (Nr. 5)

Lichter-/ Laternentanz

▼

Die Kinder tanzen mit ihren Laternen (Kerzen) zu meditativer Musik, um die Erzählung nachklingen zu lassen.

Frohe Botschaft

▼

Überleitung zum Evangelium
Wir nennen Martin einen Heiligen – Sankt Martin –, weil er in seinem Leben Jesus nachgefolgt ist und getan hat, was er uns gesagt hat.

Lied: In den Gedanken und Worten mein (Nr. 14)

Evangelium
Jesus sagt einmal zu seinen Jüngern: „Was ihr für einen meiner geringsten Brüder getan habt, das habt ihr mir getan."

Fürbitten

▼

Guter Gott, Martin hat Licht und Wärme zu dem Bettler und zu den Menschen der Stadt gebracht. Er war ein Freund von Jesus. Er war so zu den Menschen, wie es Jesus vorgelebt hat. Auch wir können im Kindergarten, in der Schule, zu Hause, auf der Arbeit und in der Freizeit ein bisschen so wie Martin sein. Auch wir können Licht und Wärme schenken, wenn wir gut zueinander sind. So wollen wir jetzt im Lied darum bitten, dass es uns gelingt, ein bisschen so wie Martin zu sein.

Lied: Ein bisschen so wie Martin (Nr. 6)
Zum Lied stellen sich fünf Kinder mit einer Kerze auf. Bei jeder Strophe wird ein Licht entzündet, das dann in die Mitte gestellt wird.

Überleitung zum Martinszug

▼

Wir wollen jetzt das Licht, das Martin zu den Menschen gebracht hat, durch unsere Straßen tragen und dazu frohe Lieder singen. Martin wird auf einem Pferd vorausreiten und unseren Zug anführen.

Schlussteil

▼

Schlussgebet
Guter Gott, wir gehen jetzt durch unsere Stadt/durch unser Dorf und bringen das Licht allen Menschen, bei denen es dunkel ist. Hilf uns, so zu sein, wie der hl. Martin war.

Segen
Dazu segne uns der gute Gott,
der Vater, der Sohn und der Heilige Geist. Amen.

Lied: Sankt-Martins-Lied (Nr. 21)

Barbara öffnet sich für die gute Botschaft Jesu

Anlass/Themenkreis
Fest der hl. Barbara (4. Dezember), Advent

Ziel
Die Kinder sollen erfahren, dass Barbara ein Vorbild sein kann, sich für Jesu gute Botschaft zu öffnen

Vorbereitungen
Turm aus Pappe mit drei Fenstern (zum Öffnen)
Barbaralegende mit Kindern proben (Vater, Barbara, Mann, Frau, Kind)
Turm steht in der Mitte

Weitere Materialien
Bibel
Kleidung für Spielkinder (Vater, Barbara, Mann, Frau, Kind)
Kerze
Schwert für Vater
Barbarafigur
Barbarazweige zur Anschauung, Zweige für alle Kinder, 5 Zweige für Fürbitten
Evtl. Vasen für Zweige
Orffinstrumente: Trommel, Xylophon, Glockenspiel, Becken
CD-Player mit Meditationsmusik

Gottesdienstübersicht
Hinführung zur Legende

Barbaralegende

Katechese mit Barbarazweigen

Fürbitten

Tanz

Gebet

Gottesdienstverlauf

Lied: Gottes Liebe ist so wunderbar (Liederbuch zum Umhängen I, Nr. 32)[3]

▼

Begrüßung und Hinführung

Zu Beginn der Adventszeit feiern wir das Fest der hl. Barbara. Sie kann uns helfen, dem Weihnachtsfest entgegenzugehen, weil sie einen ganz tiefen Glauben an Jesus vorgelebt hat. Und das in einer Zeit (wie auch manchmal schon wieder bei uns), wo ganz viele Menschen nichts von Jesus wissen wollten.

▼

Kreuzzeichen

So beginnen wir diesen Gottesdienst ganz bewusst im Glauben an Jesus und beten gemeinsam:
Im Namen des Vaters …

▼

Katechese

In der Mitte steht ein großer Turm mit drei Fenstern. Zwei Fenster sind offen, das mittlere ist geschlossen.

Wir sehen einen hohen Turm. An was erinnert uns ein solcher Turm?
Kinder sagen ihre Assoziationen zum Turm.
Der Turm erinnert uns an *(Assoziationen der Kinder aufgreifen und fortführen):*
- eine große, feste Burg – sie ist Zeichen für Kampf und Stärke
- ein Schloss – es ist Zeichen für Macht und Reichtum
- einen Aussichtsturm – er ist ein Zeichen für Weitsicht und Wissen
- Märchen – hier ist der Turm ein Zeichen für: Eingesperrtsein wie z.B. bei Rapunzel

Wir spielen einen festen Turm, indem wir uns dicht aneinander stellen und die Arme in die Höhe heben.
Kinder spielen Turm.

[3] Das Liederbuch zum Umhängen ist erschienen im Menschenkinderverlag und Vertrieb GmbH, Münster.

Unser Turm hat zwei Fenster. Sie bringen Licht und Luft in das Gemäuer, und man kann durch sie in die Welt hinausschauen.

Überleitung zur Legende

▼

Dieser Turm erinnert uns an die Geschichte der hl. Barbara, die wir nun miteinander erleben wollen.

Legende

▼

Die Geschichte wird von Kindern gespielt, von Erwachsenen gelesen und mit Orffinstrumenten untermalt. Barbara steht neben dem Turm.

Barbara lebte vor vielen, vielen Jahren in Kleinasien. Sie war die Tochter eines reichen Kaufmanns und war außergewöhnlich schön. Ihr Vater liebte sie eifersüchtig. Deshalb ließ er für sie einen Turm bauen, zu dem kein Fremder Zutritt hatte.
Der Vater holt einige Kinder in die Mitte und baut mit ihnen symbolisch einen Turm um Barbara. Dazu: ♫ Trommel
Immer, wenn er nicht zu Hause war, sperrte er seine Tochter in dem Turm ein, denn er wollte Barbara nur für sich haben.
♫ Trommel
Eines Tages musste der Vater für eine lange Zeit ins Ausland reisen. *♫ Xylophon*
In dieser Zeit konnte Barbara über vieles nachdenken.
♫ Glockenspiel
Sie war etwa 15 Jahre alt und sah vieles in ihrem Leben anders als ihr Vater. Er war Heide und glaubte nicht an den einen Gott. Er verehrte viele Götter und hatte ihre Bilder im ganzen Haus.
♫ Trommel
Jeden Tag schaute Barbara aus dem Fenster heraus. Sie hielt Ausschau nach dem, wonach ihr Herz sich sehnte. *♫ Glockenspiel*
Da kommt ein Mann, der an Gott glaubt. Er spürt ihre Sehnsucht und beginnt, Barbara von Jesus zu erzählen.
MANN: „Deine Sehnsucht nach einem erfüllten Leben kannst du bei Gott finden. Er kommt zu uns durch Jesus. Seinen Geburtstag feiern wir an Weihnachten. Jesus will auch zu dir kommen. Wenn du ihn einlässt, macht er dein Leben hell und dich froh."
Barbara denkt über die Worte des Mannes viel nach. Sie wünscht sich mehr von Jesus zu erfahren. *♫ Becken*

Lied: Jesus – Licht unseres Lebens, Refr. (Nr. 18)

Am nächsten Tag schaut Barbara wieder aus dem Fenster in der Hoffnung, ihre Sehnsucht wird erfüllt. ♫ *Glockenspiel*
Da kommt eine weise Frau vorbei. Sie hat ein großes Buch dabei. Sie spürt die Sehnsucht von Barbara und liest ihr aus dem Buch vor.
FRAU: „In diesem Buch steht die Geschichte Gottes mit den Menschen. In Jesus will Gott ganz nahe bei uns Menschen sein. Er hat einmal gesagt: ‚Ich bin der Weg und die Wahrheit und das Leben.' An einer anderen Stelle steht geschrieben: ‚Ich kenne die Meinen und die Meinen kennen mich.' Und an wieder einer anderen Stelle sagt Jesus: ‚Fürchtet euch nicht, ich bin bei euch alle Tage, bis an das Ende der Welt.'"
Barbara freut sich über diese frohe Botschaft. Sie dringt tief in ihr Herz ein. Ihre Sehnsucht wird von Tag zu Tag mehr gestillt.
♫ *Becken*

Lied: Jesus – Licht unseres Lebens, Refr. (Nr. 18)

Voller Freude schaut Barbara wieder einmal aus dem Fenster.
♫ *Glockenspiel*
Da kommt ein frohes Kind vorbei und erzählt Barbara voller Freude:
KIND: „Kennst du Jesus? Gestern wurde ich auf seinen Namen getauft. Ich gehöre jetzt zu der Gemeinschaft der Christen. Ich habe viel von Jesus gehört. Nun will ich ihm nachfolgen."
Barbara wird immer bewusster, dass auch ihre Sehnsucht Gott ist. Auch sie will ihn kennen lernen und versucht alles, dass es ihr gelingt. ♫ *Becken*

Lied: Jesus – Licht unseres Lebens, Refr. (Nr. 18)

Von Tag zu Tag wurde ihr Wunsch größer, selbst Christin zu werden.
BARBARA: „Ich möchte auch gerne mehr von Jesus erfahren, von Gott, seinem Vater, und von seiner Kraft, dem Heiligen Geist. Es muss schön sein, als Christ zu leben. ♫ *Becken*
Warum hat mir nur mein Vater nichts von dieser guten Botschaft erzählt? Ich will mich taufen lassen. Als Zeichen für mei-

nen Entschluss will ich ein drittes Fenster in den Turm brechen lassen. Ein Fenster für Gott, als Zeichen meines Glaubens."
♫ *Becken*

Das dritte Fenster wird von Barbara geöffnet. Sie stellt eine Kerze hinein.

BARBARA: „Jetzt bin ich Christin. Ich glaube an Gott, den Vater, und an Jesus Christus, seinen Sohn, und an den Heiligen Geist."

Als der Vater zurückkehrte und das dritte Fenster sah, sagte er zu seiner Tochter:

VATER: „Du hast ein drittes Fenster machen lassen? Wozu soll das gut sein?" ♫ *Trommel*

BARBARA: „Drei Fenster erleuchten jeden Menschen."

VATER: „Warum erleuchten drei mehr als zwei?"

BARBARA: „Drei sind es, die die Welt erleuchten und der Sterne Lauf regeln, nämlich Vater, Sohn und Heiliger Geist. Gottes Licht und Liebe haben mich auch hier in meinem Gefängnis erreicht, und aus dem Turm strahlen sie in die Welt hinaus."
♫ *Becken*

Da erkannte der Vater das Zeichen des dritten Fensters. Sein Gesicht wurde finster, und voller Zorn zog er sein Schwert, um Barbara zu töten. ♫ *Trommel*

Barbara starb für ihren Glauben. Der Glaube hatte ihr ein Fenster für Gott geöffnet. Durch diesen Glauben fand sie im Tod das ewige Leben bei Gott. ♫ *Becken*

Die Turmkinder halten sich an den Händen und öffnen diese als Tor des Lebens.

Lied: Offen kommen wir zu dir (Nr. 20)

Die Barbarafigur wird zum Turm gestellt.

Katechese ▼

Barbara war eingeschlossen in ihrem Turm. Ihr Vater hat ihr Herz vor Gott verschlossen.

Auch wir verschließen uns einmal so, als ob wir in einem Turm eingeschlossen wären.

Kinder spielen mit Gesten das Verschlossensein, indem sie ihre Arme vor dem Körper kreuzen und die Hände zu Fäusten ballen.

Blütenzweige mit verschlossenen Knospen werden in die Mitte gebracht.
Diese Blüten sind auch noch verschlossen. Sie kommen aus der Kälte. Der Frost lässt kein Leben in ihnen aufkommen.
Zweige werden im Kreis gezeigt.

Barbara hat sich mit der Zeit für Gott öffnen können. Sie hat ihr Herz weit gemacht für Jesu gute Botschaft. Auch wir öffnen unsere Arme und Hände und sind offen für Jesus.
Kinder öffnen ihre Hände zu einer Schale.

Auch diese Blüten an den Zweigen werden sich öffnen, wenn sie in der Wärme und im Licht stehen, wenn sie Wasser haben. Die Knospen werden an Weihnachten blühen, wenn wir sie am Barbaratag in unsere Häuser holen. Sie sind ein Zeichen der Offenheit und erinnern uns an Barbara, die sich für Jesus geöffnet hat.
So wollen wir nun mit den Zweigen unseren Turm schmücken in der Hoffnung, dass sie an Weihnachten blühen werden.
Kinder schmücken mit Zweigen den Turm. Dazu: Meditationsmusik

▼

Fürbitten

Guter Gott. Auch wir und unsere Welt müssen uns öffnen füreinander und für Jesus, der an Weihnachten zu uns kommt. Deshalb bitten wir dich:
5 Kinder lesen Fürbitten mit Zweigen in der Hand. Die Zweige werden anschließend zum Turm gestellt. Nach jeder Fürbitte singen wir:

Lied: Effata, effata, jeweils die passende Str. (Nr. 4)

- Guter Gott, öffne unsere Augen, dass wir die Not unserer Mitmenschen sehen und uns so für Jesus öffnen.
- Guter Gott, öffne unsere Ohren, dass wir anderen zuhören können und Jesu gute Botschaft nicht überhören.
- Guter Gott, öffne unsere Hände, dass wir anderen helfen können und so dem Beispiel Jesu folgen.
- Guter Gott, öffne unser Herz, dass wir gut zueinander sind und Jesus in uns aufnehmen.

– Guter Gott, öffne uns, dass Jesus an Weihnachten zu uns kommen kann und unser Leben gut macht.

Vaterunser

▼

Offen füreinander und offen für Gott wollen wir mit ausgebreiteten Händen das Vaterunser beten:
Vater unser im Himmel ...

Friedensgruß

▼

Wenn wir unsere Hände öffnen und nicht zu Fäusten ballen, dann kann bei uns Friede werden. Wenn wir uns nicht verschließen, sondern miteinander glauben und hoffen, dann kann Frieden werden. Um Gottes Frieden bitten wir im Lied:

Lied: Herr, gib uns deinen Frieden (Tr 293)

Gottes Frieden wollen wir uns weiterschenken, indem wir einander die Hände reichen und sagen: Der Friede sei mit dir.

Schlussteil

▼

Tanz
Im Tanz wollen wir noch einmal erleben, wie schön es ist, wenn wir uns öffnen.
Zum Lied „Alle Knospen springen auf ..." tanzen wir mit Gesten:

Lied: Alle Knospen springen auf (Tr 94)

Schlussgebet
Lieber Gott.
Barbara war offen für deine Botschaft.
Sie wollte Jesus nachfolgen.
Sie wollte Christin sein.
Schenke auch uns die Sehnsucht nach dir.
Lass uns offen sein für Jesus, deinen Sohn.
Mach uns bereit für sein Kommen.
Amen.

Segen und Verabschiedung

Lied: Im Advent, im Advent (Nr. 13)

Nikolaus, der Freund der Kinder

Anlass/Themenkreis
Fest des hl. Nikolaus (6. Dezember), Advent

Ziel
Die Kinder sollen Nikolaus als Vorbild für das eigene Handeln erkennen

Vorbereitungen
Adventskranz
Eine geeignete Person „verkleidet" sich als Bischof (Mitra, Bischofsstab, Gewand) und wird in die Nikolaus-Rolle eingeführt
Der Ablauf der Feier wird für den Nikolaus in ein goldenes Buch geklebt
Gaben für Kinder

Weitere Materialien
Bibel
Reifen, bunte und schwarze Tücher
Bilder von verschiedenen Menschen (traurige, arme, kranke ...)
Figuren: Mann und drei Kinder, Nikolausfigur
3 Säcke, von denen der erste mit Brot, der zweite mit Kleidung und der dritte mit zwei Schuhen und Spielzeug gefüllt ist
Stuhl und Glocke für Nikolaus
Kerzen für Häuser
Kerzen für Lichtertanz
Orffinstrumente: Trommel, Triangel, Glockenspiel
CD-Player mit meditativer Musik und Lichtertanz-Musik

Gottesdienstübersicht

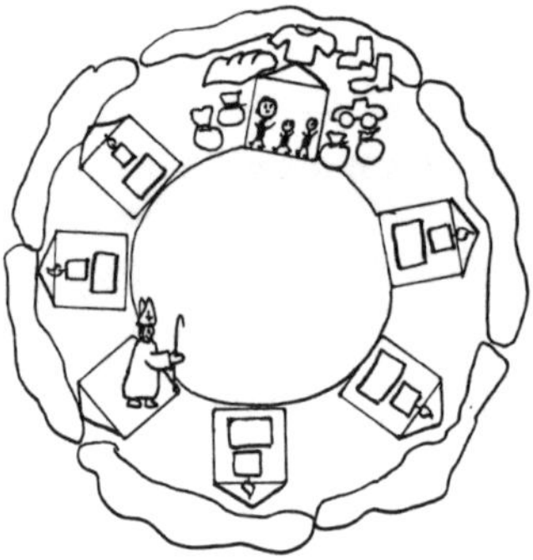

Nikolaus kommt

Hinführung zur Legende

Nikolauslegende

Lichtertanz

Evangelium: Seligpreisungen (Mt 5,3–12)

Übertragung ins Leben

Austeilung der Gaben

Verabschiedung

Gottesdienstverlauf

Die Kinder sitzen im Kreis zusammen und stimmen sich auf den Empfang des Nikolaus ein.

Lied: Wir sagen euch an, Str. 1 (GL 115)

Während des Liedes wird die erste Kerze am Adventskranz entzündet und von einem Kind im Kreis getragen.

Hinführung und Begrüßung

▼

Wir stehen in der Adventszeit. In dieser Zeit feiern wir das Fest des hl. Nikolaus. Er hat besonders den Armen, den Kranken, den Alten und den Kindern geholfen. Jedes Jahr feiern wir sein Namenstagsfest. Zu uns kommt heute auch der Nikolaus.

Nikolaus klopft an die Tür, kommt herein und begrüßt die Kinder:
„Grüß Gott, ihr lieben Kinder. Wie jedes Jahr komme ich auch dieses Mal wieder zu allen Menschen, die mich mögen und wollen, dass es bald Weihnachten wird. Ihr wartet ja schon ganz gespannt darauf. Und das ist auch gut so, denn an Weihnachten feiern wir, dass Jesus zu den Menschen gekommen ist.
Ich möchte euch die frohe Botschaft von Jesus bringen und euch sagen, dass auch ihr immer gut zueinander sein sollt, denn darin folgt ihr Jesus nach.
Auch ich habe immer versucht, so zu leben wie Jesus. Deswegen nennt man mich auch heilig. Eine Geschichte aus meinem Leben will ich mit euch zusammen erleben."

Lied: Sei gegrüßt, lieber Nikolaus (Liederbuch zum Umhängen I, Nr. 83)

Katechese

▼

Kinder legen um einen Reifen bunte Tücher als Häuser der Stadt Myra.

Wir sehen eine kleine Stadt. Sie heißt Myra. Viele Häuser stehen in der Stadt. In jedem Haus wohnen Menschen.
Die Menschen in den Häusern sind nicht alle froh, manche sind

traurig, manche ganz arm, manche verzweifelt, manche sind sehr krank. ♫ *Trommel – Bilder von entsprechenden Menschen werden in Häuser gelegt.*

In einem Haus wohnt ein armer Mann mit seinen Kindern. Der Mann ist sehr krank. Er kann nicht mehr arbeiten. Seine Frau ist schon lange gestorben. Weil der Mann kein Geld verdienen kann, haben die Kinder und er nichts zum Essen und nichts zum Anziehen. ♫ *Trommel – Mann und Kinder werden als Figuren in ein Haus gestellt.*

In den Herzen der Menschen ist es ganz dunkel, in ihren Häusern ist es dunkel, sogar der Himmel über ihnen erscheint ganz dunkel. Kein Stern leuchtet. Dunkle Nacht umgibt diese armen und kranken Menschen. *Kinder legen um Häuser herum schwarze Tücher.*
In einem Haus wohnt Bischof Nikolaus. Er hat ein Herz für die Menschen. Er sieht ihre Not. Er hilft, wo er nur helfen kann. *Nikolausfigur wird in ein Haus gestellt.*
Wir wollen nun eine Geschichte erleben, in der Bischof Nikolaus dem armen Mann mit seinen Kindern geholfen hat:

Nikolauslegende

▼

Bei der Legende spielt Nikolaus mit; er läuft im Kreis herum und schaut die Kinder an.
Nikolaus geht am Abend oft durch die Straßen der Stadt Myra. Er ist ein Bischof mit einem großen weiten Herzen. Er geht zu den Armen, zu den Kranken, zu den Traurigen, zu den Einsamen. Er schenkt den Menschen Brot und Trost. Da, wo er hinkommt, wird es hell in den Häusern und in den Herzen der Menschen.
Nikolaus bleibt vor jedem Haus stehen, in dem ein Bild liegt. Jeweils ein Kind stellt ein Licht in das Haus, vor dem der Nikolaus steht. Dazu singen wir:

Lied: In die Welt tragt ein Licht, Str. 2 (Nr. 15)

Nikolaus bleibt vor dem Haus der Familie stehen.
So kommt Nikolaus auch am Haus des kranken Vaters mit seinen Kindern vorbei. Er hört das Klagen und Rufen der Kinder. Er weiß: „Hier kann ich nicht vorübergehen. Hier muss ich helfen.“ So bleibt er stehen und stellt leise einen Sack vor die Tür der Familie.

♫ *Triangel – Nikolaus stellt Sack vor das Haus und setzt sich auf einen Stuhl.*
Still zieht er weiter. Andere Menschen warten noch auf ihn.
Und dann kommt der neue Morgen. Die Kinder finden den Sack vor der Tür. Vorsichtig öffnen sie ihn. *Ein Kind darf den Sack aufmachen. Sie finden darin einen großen Laib Brot.*
Kind trägt das Brot im Kreis und legt es im Haus der Kinder ab.
♫ *Glockenspiel*

Die Kinder freuen sich. Jetzt müssen sie nicht mehr hungern. Sie können es kaum fassen. Ein Wunder ist geschehen.

Nikolaus geht wieder zum Haus und stellt einen zweiten Sack vor die Tür.
In der nächsten Nacht geht Bischof Nikolaus wieder am Haus der Familie vorbei. Heimlich stellt er auch in dieser Nacht einen Sack vor die Tür. ♫ *Triangel*
Am nächsten Morgen können es die Kinder kaum glauben. Voller Freude und Spannung öffnen sie den zweiten Sack. *Ein Kind öffnet den Sack.* Sie finden darin Kleider: Hosen, Jacken, Pullover, Hemden.
Kind trägt Kleidung im Kreis und legt sie im Haus der Kinder ab.
♫ *Glockenspiel*

Die Kinder freuen sich. Jetzt müssen sie nicht mehr frieren. Ein Wunder ist geschehen.
„Bestimmt hat uns der gute Bischof Nikolaus geholfen“, sagt der Vater zu den Kindern. „Wir wollen heute Abend aufpassen. Vielleicht kommt er noch einmal zu uns. Dann können wir ihm für alles danken.“
Sie warten so lange, bis ihnen die Augen zufallen. Der Vater versucht, wach zu bleiben. Aber er wird immer müder und schließlich fallen auch ihm die Augen zu.
Alle Kinder schließen die Augen.
Da ist plötzlich vor der Tür ein Geräusch.
Nikolaus klingelt mit einer Glocke und stellt einen dritten Sack vor das Haus, dann läuft er weiter im Kreis herum.
Der Vater wird wach, springt auf und läuft hinaus. Da sieht er auf der Straße einen Mann davonlaufen. *Kinder machen Laufbewegungen.*

Der kranke Mann läuft ihm schnell hinterher, so dass er ihn noch erreichen kann. Er erkennt den Bischof Nikolaus und dankt ihm von ganzem Herzen. Doch der Bischof sagt freundlich: „Es ist schon gut. Gehe zurück zu deinen Kindern, denn es ist kalt. Du willst doch bald wieder gesund werden." Dann geht er weiter.

Als der Mann zurück zum Haus kommt, steht vor der Tür wieder ein Sack. Der Vater weckt seine Kinder und sie öffnen den Sack. *Ein Kind öffnet Sack.* Sie finden Schuhe darin.
Kind trägt Schuhe im Kreis und legt sie im Haus der Kinder ab.
♫ *Glockenspiel*

Die Kinder freuen sich. Jetzt müssen sie nicht mehr barfuß laufen. Als sie aber die Schuhe anziehen wollen, merken sie, dass darin Spielzeug versteckt ist. *Kind trägt Spielzeug im Kreis und legt es im Haus der Kinder ab.* ♫ *Glockenspiel*

Weil sie so arm sind, haben sie noch nie Spielzeug geschenkt bekommen. Wie sind die Kinder deshalb froh. Ein Wunder ist geschehen.

Lichtertanz

▼

Weil Nikolaus das Leben der Familie hell gemacht hat, wollen wir dies mit einem Lichtertanz zum Ausdruck bringen.
Einige Kinder tanzen mit Kerzen zu meditativer Musik.

Frohe Botschaft

▼

Lied: In den Gedanken und Worten mein (Nr. 14)

Evangelium
Die Seligpreisungen (Mt 5,3–12) werden kindgerecht verkündet.

Übertragung in unser Leben

▼

Der Nikolaus erzählt den Kindern, wie sie konkret einander helfen und gut sein können:
- Dass er noch vielen anderen Menschen geholfen hat.
- Dass auch wir im Kindergarten (in der Schule) immer wieder einander helfen und zueinander gut sein können. *(Kinder nennen Beispiele)*
- Dass wir aber auch zu Hause den Eltern eine Freude machen können, wenn wir auf sie hören und sie nicht ärgern. *(Kinder nennen Beispiele)*

Austeilung der Gaben

Der Nikolaus erzählt den Kindern:
So wie der Bischof Nikolaus vor vielen Jahren in der Stadt Myra den Kindern einen Sack vor die Tür gelegt hat, so bringe ich auch heute noch zu den Kindern Gaben, an denen die Güte der Menschen sichtbar ist.
Nikolaus verteilt seine Gaben. Dazu: Meditationsmusik

Schlussteil

Verabschiedung
Als Dankeschön für die Gaben singen wir dem Nikolaus noch folgendes Lied:

Lied: Lasst uns froh und munter sein

Segen
Anschließend segnet der Nikolaus die Kinder und geht zur Tür hinaus …

1. Gottesdienstreihe

Jesus, das Licht der Welt, kommt zu uns

Mose erkennt Gott im Licht

Anlass/Themenkreis
Erster Advent, Gotteserfahrungen im Licht

Ziel
Die Kinder sollen zur Erfahrung geführt werden, dass Jesus das Licht der Welt ist. So wie Mose Gott im Licht erfahren hat, können wir Jesus als Licht im Leben deuten

Vorbereitungen
Adventskranz
Ein Dornbusch wird mit elektrischen Strahlern so präpariert, dass er „brennen" kann
Flammen für alle Kinder aus Tonpapier herstellen
Geschichte mit Kindern proben
In der Mitte liegt ein Reifen mit einem gelben Tuch ausgelegt

Weitere Materialien
Bibel
Braunes Tuch und schwarze Tücher
Sand oder ockerfarbenes Tuch, Stein, Dornenzweig
Mosefigur
Kerze für Mose, 4 Kerzen für Fürbitten, Kerzen für Tanz
Kleidung für Spielkinder (Mose, Israeliten)
Orffinstrumente: Becken, Xylophon, Trommel, Triangel
CD-Player mit meditativer Musik

Gottesdienstübersicht
Erfahrungen von Dunkelheit

Biblische Geschichte: Gott erscheint Mose im Dornbusch (Ex 3,1–4,31)

Katechese

Gebet

Gottesdienstverlauf

Lied: Wir sagen euch an, Str. 1 (GL 115)
Während des Liedes wird die erste Kerze am Adventskranz angezündet und von einem Kind im Kreis getragen.

Begrüßung und Hinführung

▼

Ich begrüße euch alle ganz herzlich zu unserem ersten Adventsgottesdienst. Wir sind heute hier zusammengekommen, um uns miteinander auf ein großes Fest vorzubereiten – das Weihnachtsfest.

Wir haben die erste Kerze am Adventskranz entzündet. Im Laufe der Zeit wird es immer heller, und wenn alle vier Kerzen brennen, dann feiern wir das Geburtstagsfest von Jesus. Er macht unser Leben hell. Er ist das Licht in der Dunkelheit. Von diesem Licht wollen wir uns in jedem Adventsgottesdienst erleuchten lassen. Diesem Licht wollen wir entgegengehen.

An den Reifen, der mit einem gelben Tuch ausgefüllt ist, wird ein braunes Tuch als Weg angelegt.

Kreuzzeichen

▼

So beginnen wir diesen Gottesdienst in seinem Namen und beten gemeinsam:
Im Namen des Vaters …

Katechese

▼

Ockerfarbenes Tuch oder Sand werden als Wüste an den Weg angelegt. Die Kinder sprechen aus, was ihnen zur Wüste einfällt: Hitze, Durst, Sand, Sturm … ♫ Becken

Schwarze Tücher werden um die Wüste gelegt. Auch hier sprechen die Kinder aus, was ihnen zur Dunkelheit einfällt: Nacht, Angst, Trauer, Einsamkeit … ♫ Xylophon, dunkle Töne

Ein Kind trägt einen Stein im Kreis. Dazu folgender Text:
Der Stein ist schwer. ♫ *Trommel*
Der Stein ist hart. ♫ *Trommel*
Der Stein ist kalt. ♫ *Trommel*
Der Stein kann jemanden erschlagen. ♫ *Trommel*

Der Stein wird in die Wüste gelegt. ♫ *Trommel*

Ein Dornenzweig wird im Kreis gezeigt. Die Kinder dürfen vorsichtig mit der Hand die Dornen am Zweig spüren. ♫ *Triangel*
Kinder sprechen aus, was sie empfinden: Dornen stechen, tun weh, verletzen, sind spitz …

Geschichte aus der Bibel

▼

Die Geschichte wird von Kindern gespielt, von Erwachsenen gelesen und mit Orffinstrumenten untermalt. Der präparierte Dornbusch steht im Mittelpunkt und wird an der entsprechenden Stelle erleuchtet. Die Gottesstimme wird aus dem Hintergrund von einer tiefen Stimme gesprochen.

Das Volk der Israeliten ist in Ägypten gefangen. Es geht den Israeliten schlecht. Sie müssen hart arbeiten für den Pharao, den König von Ägypten. ♫ *Xylophon*
Sie schleppen schwere Steine für den Bau von großen Häusern. Sie werden geschlagen und unterdrückt. ♫ *Xylophon*
Sie haben Angst, sind traurig und mutlos. ♫ *Xylophon*
Sie lassen den Kopf hängen. ♫ *Xylophon*
Sie schreien zu Gott und sagen:
„Hilf uns, Gott! Oder hast du uns verlassen?“ ♫ *Trommel*
„Wir sehen und spüren dich nicht.“ ♫ *Trommel*
„Wo bist du nur? Warum lässt du uns alleine?“ ♫ *Trommel*
„Komm doch und hilf uns. Lass uns nicht im Stich!“ ♫ *Trommel*
„Komm doch und mach unser Leben wieder hell!“ ♫ *Trommel*
Da kommt einer der Israeliten. Mose ist sein Name. ♫ *Triangel*
Er ist Schafhirte und sieht das Leid seines Volkes. Mit seinen Schafen zieht er von einem Weideplatz zum anderen. Dabei kommt er auch durch die Wüste. ♫ *Triangel*
In der Einsamkeit denkt er an das Leid seines Volkes. Und da, mitten in der Wüste, passiert es. ♫ *Becken*
Mose sieht ein Licht. Ein Zeichen. ♫ *Becken*
Es ist ein Dornbusch, der in Flammen steht. ♫ *Becken mehrmals*
Er brennt und verbrennt doch nicht. Mose wundert sich. Er sagt:
„Was hat das zu bedeuten?“
Er geht zum Dornbusch hin. Da hört er eine Stimme: „Mose, Mose!“ ♫ *Becken*

Er antwortet: „Hier bin ich."
Die Stimme spricht: „Bleib stehen, zieh deine Schuhe aus; denn wo du stehst, ist heiliger Boden. Ich bin dein Gott. Jahwe ist mein Name." ♫ *Becken*
Mose erschrickt und verhüllt sein Gesicht, weil das Licht so hell ist. ♫ *Triangel*
Mose spürt, dass Gott ganz nahe bei ihm ist. Gott sagt zu Mose: „Ich habe das Rufen deines Volkes gehört. Ich will euch helfen."
♫ *Becken*
„Ich will euch befreien und euch in ein neues Land führen."
♫ *Becken*
„Dort geht es euch dann gut." ♫ *Becken*
Mose geht von Gottes Licht erleuchtet zu seinem Volk und sagt:
Mose entzündet eine Kerze und trägt sie; das Licht des Dornbuschs wird ausgemacht.
„Unser Gott Jahwe hat zu mir gesprochen. Er ist ganz nahe bei uns. Er wird uns befreien. Er ist das Licht in unserer Dunkelheit."
♫ *Becken mehrmals*
Kerze wird auf den Weg gestellt.

Lied: Gottes Wort ist wie Licht in der Nacht (Tr 706)
Dazu kann mit Gesten oder mit Kerzen getanzt werden – Kerzen nach Tanz auf Weg stellen.

Auslegung

▼

Mose hat Gott wirklich selbst erlebt. Er hat erfahren, dass Gott mitten in das Leben hineinkommt. Gott hilft allen Menschen, wenn sie ihn brauchen. Wenn er kommt, wenn die Menschen spüren, dass Gott da ist, geht es ihnen gut. Dann leuchtet ein Licht in der Dunkelheit. Dann ist die gute Zeit für alle da.
Mosefigur wird im Kreis getragen. Dazu singen wir:

Lied: Jesus – Licht unseres Lebens, Str. 2 (Nr. 18)

Mosefigur wird auf Weg gestellt.
Mose durfte Gott im Licht, in den Flammen erkennen. Wir dürfen an Weihnachten Gott in Jesus erkennen. Er kommt zu uns. Auch er ist für uns das Licht. Er macht unser Leben hell und warm. So wollen wir jetzt Flammen in die Dunkelheit legen, Flammen – Zeichen des Feuers, Zeichen des Lichtes.

Alle Kinder bekommen ausgeschnittene Flammen, die sie der Reihe nach zu meditativer Musik auf die schwarzen Tücher legen.

Fürbitten

▼

Guter Gott, wir freuen uns auf Jesus, den Heiland, den Retter, so wie sich die Israeliten auf ihn gefreut haben. Wie Mose Gott im brennenden Dornbusch erkannt hat, bitten wir dich, dass auch wir dich erkennen.

4 Kinder lesen Fürbitten mit Kerzen in der Hand. Die Kerzen werden anschließend zu den entsprechenden Zeichen der Katechese gestellt. Nach jeder Fürbitte singen wir:

Lied: Jesus – Licht unseres Lebens, Refrain (Nr. 18)

- Komm, Herr Jesus, komm zu allen Menschen, die keine Hoffnung mehr haben und deshalb in der Wüste leben.
- Komm, Herr Jesus, komm zu allen Menschen, die traurig sind, weil sie in der Dunkelheit leben.
- Komm, Herr Jesus, komm zu allen Menschen, die niedergedrückt sind, weil schwere Lasten auf ihnen liegen.
- Komm, Herr Jesus, komm zu allen Menschen, die verletzt sind, weil sie verwundet worden sind.

Vaterunser

▼

Vater unser im Himmel …

Friedensgruß

▼

Durch die Erscheinung Gottes im brennenden Dornbusch hat Mose einen tiefen Frieden in sich gespürt, den er dann auch seinem Volk weitergeben konnte. An Weihnachten kommt Jesus zu uns und schenkt uns seinen Frieden, den wir auch weitergeben sollen. So wollen wir uns jetzt die Hände reichen und uns den Frieden weitergeben, indem wir zueinander sagen: „Der Friede sei mit dir.“
Alle wiederholen den Friedenswunsch.

Im Lied singen wir von Jesus, der uns den Frieden bringt:

Lied: Seht, die gute Zeit ist nah (Liederbuch zum Umhängen I, Nr. 81)

Schlussteil

▼

Schlussgebet

Guter Gott.
Mose hat dich im Dornbusch erkannt.
Im Licht warst du da.
Wir freuen uns auf das größte Licht der Welt.
Wir freuen uns auf Jesus.
Er will auch zu uns kommen.
Mach uns dafür bereit.
Amen.

Segen und Verabschiedung

Lied: Im Advent, im Advent (Nr. 13)

Luzia macht das Leben der Menschen hell

Anlass/Themenkreis
Zweiter Advent, Fest der hl. Luzia (13. Dezember), Lichterfest

Ziel
Die Kinder sollen erfahren, dass Luzia durch ihr Beispiel Licht in das Leben anderer Menschen gebracht hat

Vorbereitungen
Adventskranz
Lichterkranz für Luzia herstellen
Geschichte mit Kind als Luzia proben
In der Mitte liegt das Bild des Gottesdienstes „Mose erkennt Gott im Licht“

Weitere Materialien
Bibel
Braunes, schwarzes, rotes, gelbes Tuch, fünf graue Tücher
Luziafigur
Zwei Körbe, Brot, eine Flasche Wasser, Kleidung, 2 Kerzen, 5 Kerzen für Geschichte, 5 Kerzen für Fürbitten, Kerzen für Lichtertanz
Orffinstrumente: Trommel, Glockenspiel, Becken, Triangel

Gottesdienstübersicht

Erfahrungen von Dunkelheit und Licht

Luzialegende

Gebet

Lichtertanz

Gottesdienstverlauf

Lied: Wir sagen euch an, Str. 1 u. 2 (GL 115)
Während des Liedes werden die erste und zweite Kerze am Adventskranz angezündet und von je einem Kind im Kreis getragen.

Begrüßung und Hinführung

▼

Ich begrüße euch alle ganz herzlich zu unserem zweiten Adventsgottesdienst. Im Advent bereiten wir uns auf das Geburtstagsfest von Jesus vor. Verschiedene Geschichten führen uns zum Weihnachtsfest hin – Geschichten von Lichtern in der Dunkelheit. Sie alle weisen auf Jesus hin, der an Weihnachten zu uns kommt. Auch heute wollen wir wieder eine Lichtgeschichte miteinander erleben und auch etwas von Jesus erfahren, dem größten Licht dieser Welt.
Im ersten Gottesdienst hat Mose den Israeliten Licht in die Dunkelheit gebracht. Er hat Gott im brennenden Dornbusch, im Licht erfahren. Von diesem Licht erleuchtet hat er den Israeliten Mut gemacht. Er hat das Licht der Welt gesehen und ist so Jesus nahe gekommen. Heute gehen wir wieder einen Schritt, einen Weg zur Mitte, zu Jesus.
An den Reifen, der mit einem gelben Tuch ausgefüllt ist, wird ein weiteres braunes Tuch als Weg angelegt.

Kreuzzeichen

▼

So beginnen wir diesen Gottesdienst in seinem Namen und beten gemeinsam:
Im Namen des Vaters …

Katechese

▼

Ein schwarzes Tuch wird von einem Kind im Kreis getragen und an den Anfang des Weges gelegt. ♫ *Trommel*
Diese Zeit, die wir jetzt erleben, ist eine dunkle Zeit. Die Tage werden kürzer, die Nächte länger. Oft bricht die Sonne nicht durch. ♫ *Trommel*
Lasst uns diese Dunkelheit einmal erleben, indem wir jetzt das Licht ausmachen.

Wenn es draußen nicht dunkel ist, können die Kinder auch die Augen schließen.
Nach einiger Zeit wird eine Kerze entzündet. Mit der Kerze an den Kindern vorbeilaufen, so dass sie das Licht direkt vor ihrem Gesicht sehen und spüren können.
Wie schön ist es, wenn in der Dunkelheit ein Licht aufleuchtet, wenn es wieder hell wird. Wie schön ist es, wenn nach einer dunklen Nacht die Sonne wieder aufgeht.
Dunkelheit gibt es nicht nur draußen in der Natur. Dunkelheit gibt es auch in den Herzen der Menschen. Es ist dunkel, wenn ich allein und traurig bin. Es ist dunkel, wenn ich krank bin und Schmerzen habe. Es ist dunkel, wenn ich gestritten habe und böse war. Es ist dunkel, wenn ich Angst habe. Wenn es dunkel ist in meinem Leben, dann will ich, dass es wieder hell wird. Ich warte auf das Licht.
Ja, wir warten auf das Licht, im Advent warten wir auf Jesus. Er kommt in unsere dunkle Welt hinein, wenn wir bereit sind, ihn in unser Leben einzulassen.

Lied: Im Advent, im Advent, Str. 1 u. 2 (Nr. 13)

▼ **Hinführung zur Geschichte**

Im Advent feiern wir das Fest der hl. Luzia. Sie hat vor langer Zeit in Süditalien gelebt. Sie war eine Frau, die Licht in die Dunkelheit der Menschen gebracht hat. So wollen wir jetzt erfahren, was sie Gutes getan hat.
Mit einem gelben und einem roten Tuch wird ein Haus auf das schwarze Tuch gelegt.

▼ **Legende**

Die Geschichte wird von einem Kind gespielt, von Erwachsenen gelesen und mit Orffinstrumenten untermalt.

In diesem Haus wohnen eine Frau und ein Mann. Die beiden haben sich von Herzen gern. Sie lieben sich und erwarten ein Kind.
♫ *Glockenspiel*
Sie freuen sich und glauben, dass dieses Kind ihr Leben froh und hell macht. Schließlich bringt die Frau ein kleines Mädchen zur Welt. *Eine Kerze wird im Haus abgestellt.*

Bei der Taufe geben die Eltern ihrem Kind den Namen Luzia. Luzia heißt so viel wie „das Licht.“ Denn sie glauben, dass Gott durch ihr Kind ganz viel Freude in ihr Leben bringen wird.
Luzia wird größer. *Ab hier spielt ein Kind das Mädchen Luzia. Sie stellt sich in die Mitte.*
Jeden Abend erzählen ihr die Eltern Geschichten von Jesus. Luzia hört gerne zu und will immer mehr von Jesus wissen.
Die Bibel wird in das Haus gelegt.
Im Laufe ihres jungen Lebens erfährt so Luzia ganz viel über Jesus. Sie selbst will so leben, wie Jesus es vorgelebt hat. Täglich betet sie zu ihm:
„Jesus, du bist das Licht der Welt. Mach auch mich zu einem Licht für die Menschen. Jesus, du bist immer gut. Mach, dass auch ich gut sein kann zu allen Leuten.“

Als Luzia lebte, war es nicht leicht, ein Christ zu sein und an Jesus zu glauben. Denn der Herrscher, der Kaiser von Rom, hat die Christen verfolgt, weil sie ihn nicht als Gott angebetet haben, sondern an Jesus und seinen Vater im Himmel glaubten. ♫ *Trommel*
Doch die Menschen lassen sich nicht so leicht vom Kaiser einschüchtern. Obwohl sie ganz viel Angst haben, glauben sie weiter an Jesus. ♫ *Trommel*
Die Christen denken sich: „Wir müssen uns verstecken, bevor der Kaiser uns findet.“ Und so verstecken sie sich in tiefen, dunklen Höhlen. *Mit grauen Tüchern werden um das Mittelbild Höhlen geformt.*
In ihrem Versteck fühlen sich die Menschen sicher. Doch nach und nach werden ihre Vorräte aufgebraucht und sie haben nichts mehr zu essen und zu trinken. ♫ *Trommel*
So vergeht die Zeit und das Weihnachtsfest kommt. An Weihnachten hat Gott uns seinen Sohn geschenkt. Aus Freude darüber machen sich die Menschen schon immer Geschenke. Auch die Menschen in den Höhlen hätten sich gerne etwas geschenkt. Doch sie haben nichts. Sie beten ganz fest zu Gott, dass er sie nicht vergisst. ♫ *Becken*
Luzia lebt noch in der Stadt. Sie muss sich noch nicht verstecken. Sie weiß aber, dass die anderen Christen in ihrem Versteck Hunger und Durst haben. Sie spürt, dass sie ihnen helfen muss.

Beim Beten hört sie eine Stimme in sich:
„Luzia, hilf den armen Menschen!" ♫ *Triangel*
„Ich werde bei dir sein und dich behüten." ♫ *Triangel*
„Denn was du einem anderen Gutes tust, das tust du mir!"
♫ *Triangel*

Luzia hört auf die Stimme in ihr und packt zwei Körbe voll mit Dingen, die sie den Armen mitbringen will.
Kinder packen Folgendes in zwei Körbe: ein Brot, Wasser, Kleidungsstück, eine Kerze, die Bibel. Luzia nimmt die beiden Körbe in ihre Hände.
Draußen ist es dunkel, und Luzia überlegt:
„Wie kann ich in der Dunkelheit den Weg zu meinen Brüdern und Schwestern finden, wenn ich kein Licht tragen kann? Ich brauche meine Hände, um die Gaben zu tragen. Ich will mir einen Kerzenkranz machen, den ich mir auf den Kopf setzen kann. Die Kerzen werden mir dann genug Licht spenden."
Ein Kerzenkranz wird Luzia auf den Kopf gesetzt und entzündet.
So hat sie beide Hände frei und geht hinaus zu ihren Freunden.

Nach und nach werden die Dinge aus den Körben herausgenommen und in eine Höhle gelegt. Dazu wird jeweils ein Licht entzündet und folgende Wünsche ausgesprochen:
Ich wünsche euch Mut. ♫ *Triangel*
Ich wünsche euch Wärme. ♫ *Triangel*
Ich wünsche euch Kraft. ♫ *Triangel*
Ich wünsche euch Hoffnung. ♫ *Triangel*
Ich wünsche euch Frieden. ♫ *Triangel*

Ihr könnt euch vorstellen, wie sich die Menschen in ihren dunklen Verstecken freuen, als Luzia zu ihnen kommt. Dieses Weihnachten wird für sie wirklich zu einem Fest der Freude und des Lichtes. Sie dürfen erfahren, dass es Menschen gibt, die wie Jesus ein Licht in der Dunkelheit sind. – Weil Luzia Licht für andere war, feiern wir ihren Namenstag im Advent.
Luziafigur wird im Kreis getragen. Dazu singen wir:

Lied: Jesus – Licht unseres Lebens, Str. 4 (Nr. 18)

Luziafigur wird auf den Weg gestellt.

Fürbitten

▼

In den Fürbitten wollen wir darum bitten, dass auch wir wie Luzia anderen Menschen Licht und Freude bringen.
5 Kinder lesen Fürbitten mit Kerzen in der Hand. Die Kerzen werden anschließend um die Luziafigur gestellt. Nach jeder Fürbitte:

Lied: Jesus – Licht unseres Lebens, Refrain (Nr. 18)

- Lass mich ein Licht für andere sein, indem ich die Not der anderen sehe.
- Lass mich ein Licht für andere sein, indem ich an andere denke.
- Lass mich ein Licht für andere sein, indem ich mit anderen rede.
- Lass mich ein Licht für andere sein, indem ich Frieden stifte.
- Lass mich ein Licht für andere sein, indem ich anderen helfe.

Vaterunser

▼

Vater unser im Himmel …

Friedensgruß

▼

Wir können wie Luzia ein Licht füreinander sein, wenn wir nach einem Streit Frieden stiften. Jesus schenkt uns an Weihnachten diesen Frieden, den auch wir einander schenken sollen. So wollen wir uns jetzt die Hände reichen und uns den Frieden weitergeben, indem wir sagen: Der Friede sei mit dir. *Alle wiederholen den Friedenswunsch.*
Im Lied singen wir von Jesus, der uns seinen Frieden bringt:

Lied: Seht, die gute Zeit ist nah (Liederbuch zum Umhängen I, Nr. 81)

Schlussteil

▼

Schlussgebet
Guter Gott, wir danken dir für die hl. Luzia.
Sie hat Licht zu den Menschen gebracht.
Sie hat anderen geholfen.
Schenke auch uns offene Augen.
Schenke auch uns gute Hände.
Schenke auch uns ein offenes Herz.
So können auch wir einander Gutes tun.
So können auch wir einander Licht sein. Amen.

Segen und Verabschiedung

Lied: In die Welt tragt ein Licht (Nr. 15) – dazu Lichtertanz

Der Engel bringt das Licht zu Maria

Anlass/Themenkreis

Dritter Advent

Ziel

Die Kinder erkennen Engel als Boten Gottes, die den Menschen Licht ins Leben bringen

Vorbereitungen

Adventskranz
Geschichte mit Kindern proben
In der Mitte liegt das Bild der Gottesdienste „Mose erkennt Gott im Licht" und „Luzia macht das Leben der Menschen hell"

Weitere Materialien

Bibel
Braunes, gelbes, rotes Tuch
Kleidung für Spielkinder (Maria, Engel)
Stuhl für Maria
Marienfigur, Engelfigur
Schale
Kerze für Engel, 4 Kerzen für Fürbitten
Tannenzapfen für alle Kinder
Orffinstrumente: Xylophon, Glockenspiel, Triangel, Flöte
CD-Player mit Meditationsmusik

Gottesdienstübersicht

Hinführung zum Evangelium

Evangelium: Der Engel kommt zu Maria
(Lk 1,26–38)

Gebet

Gottesdienstverlauf

Lied: Wir sagen euch an, Str. 1–3 (GL 115)
Während des Liedes wird die erste, die zweite und die dritte Kerze am Adventskranz angezündet und je von einem Kind im Kreis getragen.

Begrüßung und Hinführung

▼

Ich begrüße euch alle ganz herzlich zu unserem dritten Adventsgottesdienst. Wir bereiten uns auf das Geburtstagsfest von Jesus vor. Verschiedene Geschichten führen uns zum Weihnachtsfest hin – Geschichten von Lichtern in der Dunkelheit. Sie alle weisen auf Jesus hin, der an Weihnachten zu uns kommt. Auch heute wollen wir wieder eine Lichtgeschichte miteinander erleben und auch etwas von Jesus erfahren, dem größten Licht dieser Welt.
Im ersten Gottesdienst hat Mose Gott im Licht, im brennenden Dornbusch, erfahren. Im zweiten Gottesdienst haben wir erlebt, wie Luzia für andere zur Lichtträgerin geworden ist. In beiden Geschichten sind wir Jesus, dem großen Licht, ein Stückchen näher gekommen. Heute gehen wir wieder einen Schritt auf dem Weg zur Mitte, zu Jesus.
An den Reifen, der mit einem gelben Tuch ausgefüllt ist, wird ein weiteres braunes Tuch als Weg angelegt.

Kreuzzeichen

▼

So beginnen wir diesen Gottesdienst in seinem Namen und beten gemeinsam:
Im Namen des Vaters …

Katechese

▼

Unser Weg führt uns heute nach Nazaret in ein besonderes Haus.
Haus wird mit einem gelben Tuch an den Weg gelegt.
In unserem Haus wohnt eine Frau. Maria ist ihr Name.
Maria wird von einem Kind im Kreis getragen und in das Haus gestellt. Dazu singen wir:

Liedruf: Biblische Menschen, Str. 1 (Nr. 3)

Maria ist eine junge Frau, eine Jungfrau. Sie gehört zum Volk Israel. Sie weiß, dass Mose Gott im Dornbusch erlebt hat. Sie sehnt sich nach dem Retter, nach dem Immanuel. Sie bittet immer wieder Gott darum in einem alten Ruf. Wir wollen ihn mit ihr singen:

Lied: O komm, o komm, Immanuel, nach dir sehnt sich dein Israel

▼

Frohe Botschaft

Lied: In den Gedanken und Worten mein (Nr. 14)

Evangelium

Die Geschichte wird von Kindern gespielt, von Erwachsenen gelesen und mit Orffinstrumenten untermalt. In der Mitte steht ein Stuhl, auf dem Maria sitzt.

Maria ist zu Hause. Sie ist ganz bei sich zu Hause. Es ist still bei ihr. ♫ *Xylophon*

Maria ist mit dem Herzen, mit den Gedanken ganz bei Gott. ♫ *Xylophon*

Maria ist offen und bereit. Ihre Hände sind offen wie eine Schale. ♫ *Glockenspiel*

Eine Schale wird ins Haus gestellt.

Wir öffnen unsere Hände auch wie eine Schale. *Alle öffnen ihre Hände wie eine Schale.*

Wir sind offen wie Maria.

Wir legen unsere Hände auf den Knien ab. *Alle legen Hände auf Knien ab.*

Wie eine Schale bin ich still da und warte. ♫ *Glockenspiel – Stille*

Maria sagt mit ihren offenen Händen, wonach sie sich sehnt. Sie sagt:

MARIA: „Gott, komm zu mir und zu meinem Volk. Mach unsere Dunkelheit hell, befrei uns von allem Leid! Schicke uns doch den Befreier, den Retter, den Messias, den Heiland, das Licht der Welt."

Plötzlich wird es im Haus und im Herzen Marias ganz hell. ♫ *Triangel*

Ein Kind als Engel kommt mit einer Kerze zu Maria.

Es tritt einer ein, der hell ist, der vom Lichte kommt, ein Bote Gottes, ein Engel, kommt zu Maria und grüßt sie: ♫ *Flöte*

ENGEL: „Gegrüßet seist du, Maria, voll der Gnade. Der Herr ist mit dir."

Wir sprechen den Gruß nach.

Maria ist erstaunt. Sie ist verwundert. Sie erschrickt vor dem Engel.

ENGEL: „Fürchte dich nicht. Gott schickt mich zu dir. Gott will in dir wohnen. Du sollst ein Kind empfangen. Das Kind soll Jesus heißen. Jesus ist der Retter, der Messias, der Heiland, der Erlöser. Du sollst die Mutter Jesu sein."

MARIA: „Wie soll das geschehen?"

ENGEL: „Gottes Kraft wird auf dich herabkommen, der Heilige Geist wird über dich kommen."

Da öffnet Maria die Hände, sie öffnet ihr Herz; sie ist offen und bereit, wie eine Schale weit und offen ist. Sie sagt:

MARIA: „Ja, es soll geschehen, wie Gott es will." ♫ *Glockenspiel*

Kinder wiederholen diese Worte und öffnen ihre Hände wie eine Schale.

Der Engel verneigt sich, stellt die Kerze ins Haus und geht wieder fort. ♫ *Flöte*

Lied: Offen kommen wir zu dir (Nr. 20)

Auslegung

▼

Bei Maria wurde es ganz hell. Ein Engel hat ihr Licht ins Haus und in ihr Herz gebracht. Das konnte nur geschehen, weil Maria ganz offen war, weil sie Sehnsucht nach Gott hatte, weil sie Sehnsucht nach einer guten Zeit hatte.

Engelfigur wird im Kreis getragen. Dazu singen wir:

Lied: Jesus – Licht unseres Lebens, Str. 3 (Nr. 18)

Engelfigur wird auf Weg gestellt.

Wir wollen das Haus der Maria mit Tannenzapfen schmücken. Sie sind ein Zeichen der Offenheit. Wenn ein Tannenzapfen aus der Kälte in die Wärme kommt, dann öffnet er sich. Maria war auch offen und bereit.

Alle Kinder bekommen einen Tannenzapfen und schmücken damit der Reihe nach das Haus. Dazu: Meditationsmusik.

Fürbitten

▼

Lieber Gott, Maria war offen für die Botschaft, die ihr der Engel brachte, für deine Botschaft. Sie hatte ein offenes Herz. Deshalb hat ihr der Engel ein Licht gebracht, eine gute Nachricht. Lass auch uns Lichter zu anderen Menschen tragen, lass auch uns Engel sein. Darum bitten wir dich:
4 Kinder lesen Fürbitten mit Kerzen in der Hand. Die Kerzen werden anschließend auf den Weg gestellt. Nach jeder Fürbitte singen wir:

Lied: In die Welt tragt ein Licht (Nr. 15)
Es wird jeweils die passende Strophe zu den Fürbitten gesungen (Tragt zu den Traurigen, zu den Kranken, zu den Alten, zu den Streitenden ... ein Licht)

- Guter Gott, lass uns ein Licht zu den Menschen bringen, die traurig sind.
- Guter Gott, lass uns ein Licht zu den Menschen bringen, die krank sind.
- Guter Gott, lass uns ein Licht zu den Menschen bringen, die alt sind.
- Guter Gott, lass uns ein Licht zu den Menschen bringen, die streiten.

Vaterunser

▼

Vater unser im Himmel ...

Friedensgruß

▼

Maria hat auf den Retter, den Erlöser, gewartet. Der Engel hat ihr dann mit der frohen Botschaft ein Licht gebracht. Er hat zu Maria den Frieden gebracht – den Frieden, der an Weihnachten zu uns kommt und den auch wir einander weiterschenken sollen.
So wollen wir uns jetzt die Hände reichen und uns den Frieden weitergeben, indem wir sagen: Der Friede sei mit dir. *Alle wiederholen den Friedenswunsch.*
Im Lied singen wir von Jesus, der uns seinen Frieden bringt:

Lied: Seht, die gute Zeit ist nah (Liederbuch zum Umhängen I, Nr. 81)

Schlussteil

Schlussgebet

Guter Gott.
Ein Engel kam zu Maria.
Er brachte ihr das Licht.
Er brachte ihr Freude.
Lass auch uns offen sein für deine Botschaft.
Lass auch uns offen sein für Jesus.
Amen.

Segen und Verabschiedung

Lied: Im Advent, im Advent (Nr. 13)

Wir alle können Licht für andere sein

Anlass/Themenkreis

Vierter Advent, Lichterfest

Ziel

Die Kinder sollen erfahren, dass sie selbst ein Licht für andere sein können

Vorbereitungen

Adventskranz
Geschichte mit Kindern proben
In der Mitte liegt das Bild der Gottesdienste „Mose erkennt Gott im Licht“ und „Luzia macht das Leben der Menschen hell“ und „Der Engel bringt das Licht zu Maria“

Weitere Materialien

Braunes, schwarzes Tuch
Bausteine für Dorf oder Stadt, schwarze Tücher für Dunkelheit, Sonne aus Tonpapier
Kerzen für Spielkinder (Leute im Dorf, 3 Kinder), Kerzen für alle Kinder,
5 Kerzen für Fürbitten,
Kindfigur
Orffinstrumente: Trommel, Xylophon, Triangel, Becken
CD-Player mit Meditationsmusik und Lichtertanz-Musik

Gottesdienstübersicht

Erfahrungen von Dunkelheit

Geschichte: Drei Kinder bringen Licht

Lichtertanz

Gebet

Gottesdienstverlauf

Lied: Wir sagen euch an, Str. 1–4 (GL 115) *Während des Liedes werden die vier Kerzen am Adventskranz angezündet und von je einem Kind im Kreis getragen.*

Begrüßung und Hinführung

▼

Ich begrüße euch alle ganz herzlich zu unserem vierten Adventsgottesdienst. Weihnachten ist gar nicht mehr weit. Heute haben wir schon die vierte Kerze am Adventskranz entzündet. Im Advent sind wir Jesus, dem Licht dieser Welt, mit jeder Woche ein Stückchen näher gekommen. Verschiedene Geschichten haben uns zu Jesus geführt, der an Weihnachten zu uns kommen will. Geschichten vom Licht in der Dunkelheit. Im ersten Gottesdienst hat Mose Gott im Licht erkannt. Im zweiten Gottesdienst brachte Luzia das Licht zu den Menschen. Im dritten Gottesdienst hat der Engel ein Licht zu Maria gebracht. Heute gehen wir wieder einen Schritt, einen Weg zur Mitte, zu Jesus.
An den Reifen, der mit einem gelben Tuch ausgefüllt ist, wird ein weiteres braunes Tuch als Weg angelegt.

Kreuzzeichen

▼

So beginnen wir diesen Gottesdienst im Namen Gottes und beten gemeinsam:
Im Namen des Vaters…

Katechese

▼

Ein schwarzes Tuch wird von einem Kind im Kreis getragen.
♫ *Trommel*
Das Kind bleibt nach einiger Zeit mit dem Tuch stehen, während andere Kinder folgenden Text lesen:

- In unserem Leben ist es manchmal dunkel, wenn wir miteinander streiten und uns zanken. ♫ *Trommel*
- In unserem Leben ist es manchmal dunkel, wenn wir keine Zeit für den anderen haben. ♫ *Trommel*
- In unserem Leben ist es manchmal dunkel, wenn wir neidisch auf den anderen sind. ♫ *Trommel*

– In unserem Leben ist es manchmal dunkel, wenn wir uns nicht helfen. ♫ *Trommel*

Das schwarze Tuch wird an den vierten Weg angelegt.

Wenn wir so miteinander umgehen, wie wir es gerade gehört haben, ist es dunkel in unserem Herzen, in unseren Häusern, in unserem Dorf. Dieses Dorf wollen wir nun miteinander bauen.
Kinder bringen Bausteine und bauen auf das schwarze Tuch ein Dorf. Dazu: Meditationsmusik.

Geschichte

▼

Die Geschichte wird von Kindern gespielt, von Erwachsenen gelesen und mit Orffinstrumenten untermalt. Spielkinder tragen Kerzen in ihren Händen, die bei der Lichterfahrung entzündet werden.

Es war einmal ein kleines Dorf. In diesem Dorf war es dunkel. *Drei Kinder halten schwarze Tücher als Zeichen der Dunkelheit im Hintergrund der Geschichte.*
Die Sonne ging dort nicht mehr auf, weil die Menschen sich nicht verstanden. ♫ *Trommel*
Jeder lief grimmig und mürrisch herum. Keiner redete mit dem anderen. Die Sonne blieb hinter den Wolken versteckt. ♫ *Trommel*
Kind hält Sonne hinter schwarzen Tüchern.
Sie sagte:
Sonne: „Ich kann mein Licht nicht in dieses Dorf bringen. Ich kann meine Strahlen nicht zu Menschen schicken, die miteinander streiten, die keine Zeit füreinander haben, die neidisch aufeinander sind.“ ♫ *Trommel*
So wurden die Menschen immer einsamer und verschlossen sich in ihren Häusern. ♫ *Trommel*
Spielkinder knien sich nieder zum Zeichen ihrer Verschlossenheit.
Am Dorfrand wohnte ein kleiner Junge. Jeden Morgen stand er voller Hoffnung auf. *Kind steht auf.* Er schaute zum Himmel hinauf, um zu sehen, ob nicht doch die Sonne wieder käme. Doch kein Licht war zu sehen. So machte er sich eines Tages auf den Weg.
♫ *Xylophon*
Er glaubte an das Licht. Er machte sich auf die Suche nach dem Licht. ♫ *Xylophon*

Der Junge war lange gelaufen, bevor er sich müde niedersetzte und flehte:

JUNGE: „Bitte, liebe Sonne, komm doch zurück. Du musst uns wieder Licht schenken. In unserem Dorf ist es so dunkel. Bitte schenke uns dein Licht, damit wir uns wieder sehen können."

♫ *Triangel*

Die Sonne hörte ihm zu und bekam Mitleid mit dem Jungen:

SONNE: „Dein Herz ist gut geblieben. Du denkst an andere. Geh zurück in dein Dorf und nimm etwas von meinem Licht mit."

♫ *Triangel*

JUNGE: „Wie soll ich von deinem Licht etwas mitnehmen?"

SONNE: „Geh nur, meine Strahlen folgen dir." ♫ *Triangel*

Der Junge bedankte sich und machte sich wieder auf den Weg. Erst jetzt bemerkte er, dass er selbst leuchtete wie ein helles Licht. ♫ *Triangel*

Unterwegs traf er seine beiden Freunde, die verwundert auf ihn zugingen:

FREUNDE: „Du leuchtest ja, warum bist du so hell?"

Der Junge erzählte seinen Freunden alles, was er erlebt hatte:

JUNGE: „Ihr müsst euch auch ein Licht von der Sonne holen. Ich zeige euch den Weg."

FREUND 1: „O ja, dann bringen wir Licht zu allen Menschen in unserer Gemeinde. Wir verteilen uns, damit es an drei Stellen hell ist." ♫ *Triangel*

FREUND 2: „Ist es nicht besser, wenn wir drei zusammenbleiben, dann ist unser Licht doch viel größer und stärker. Jeder soll sehen, dass wir uns gern haben." ♫ *Triangel*

Der Junge hörte seinen Freunden zu. Doch dann sah er sie verwundert an. Er konnte es gar nicht fassen. Seine beiden Freunde fingen auch zu leuchten an. ♫ *Triangel*

Froh und glücklich reichten sie sich die Hände. Voller Freude gingen sie ins Dorf. Sie besuchten die Kranken, die Einsamen, die Mutlosen. Allen schenkten sie ein gutes Wort. ♫ *Becken*

Und überall, wo sie hinkamen, begann es hell zu werden. ♫ *Becken*

Immer heller wurde es in der Gemeinde. ♫ *Becken*

Kinder mit schwarzen Tüchern lassen Tücher fallen, damit Sonne sichtbar wird.

Die Menschen begriffen, warum all die Jahre kein Licht in ihrem Dorf war. Sie gingen wieder aus ihren Häusern heraus, begannen sich wieder zu vertrauen, sie halfen einander, sie schlossen Frieden.
♫ *Becken*
Und so blieb es in diesem Dorf immer hell. Das Licht hat die Dunkelheit besiegt. ♫ *Becken*
Der Junge und seine Freunde haben den Menschen das Licht wiedergebracht. Sie sind zum Licht für andere geworden. ♫ *Becken*

Lichtertanz

▼

Spielkinder tanzen mit ihren Kerzen in den Händen, die sie anschließend in das Dorf stellen.

Auslegung

▼

Der Junge und seine Freunde haben begriffen, um was es geht. Es konnte erst wieder hell werden im Dorf, als die Menschen sich wieder vertragen haben und selbst Licht für andere wurden.
An Weihnachten kommt Jesus zu uns. Er ist das Licht der Welt. Er macht unsere Welt hell und warm. Er schenkt uns sein Licht. Dieses Licht sollen wir weitertragen zu allen Menschen, denen wir begegnen. Dann wird es ganz hell in unserem Leben und in unserer Gemeinde.
Kindfigur wird im Kreis getragen. Dazu singen wir:

Lied: Jesus – Licht unseres Lebens, Str. 5 u. 6 (Nr. 18)

Kindfigur wird auf den Weg gestellt.

Aktion

▼

Als Zeichen, dass wir einander Licht sein sollen, darf jedes Kind eine Kerze entzünden und zum Dorf stellen.
Alle Kinder entzünden eine Kerze und stellen sie zum Dorf. Dazu: Meditationsmusik.

Fürbitten

▼

Lieber Gott, lass uns von deinem Licht erleuchtet zum Licht für andere Menschen werden. Darum bitten wir dich:
Fünf Kinder lesen Fürbitten mit Kerzen in der Hand. Die Kerzen werden anschließend um die Kindfigur gestellt. Nach jeder Fürbitte singen wir:

Lied: Jesus – Licht unseres Lebens, Refrain (Nr. 18)

- Guter Gott, ich will Licht sein, indem ich mich mit anderen vertrage.
- Guter Gott, ich will Licht sein, indem ich anderen helfe.
- Guter Gott, ich will Licht sein, indem ich nach einem Streit Frieden bringe.
- Guter Gott, ich will Licht sein, indem ich mir Zeit für andere nehme.
- Guter Gott, ich will Licht sein, indem ich andere einlade, mitzuspielen.

Vaterunser

▼

Vater unser im Himmel …

Friedensgruß

▼

Wir können ein Licht füreinander sein, wenn wir Frieden stiften. Diesen Frieden schenkt uns Jesus an Weihnachten. Auch wir können zu Boten des Friedens werden, wenn wir uns jetzt die Hände reichen und uns den Frieden weitergeben, indem wir sagen:
Der Friede sei mit dir. *Alle wiederholen den Friedenswunsch.*

Im Lied singen wir von Jesus, der uns seinen Frieden bringt:

Lied: Seht, die gute Zeit ist nah (Liederbuch zum Umhängen I, Nr. 81)

Schlussteil

▼

Schlussgebet
Guter Gott.
Du schickst uns Jesus.
Er ist das Licht der Welt.
Er will uns leuchten, wenn es dunkel um uns ist.
Lass auch uns zum Licht für andere werden.
Lass uns dein Licht weitertragen.
Amen.

Segen und Verabschiedung

Lied: Im Advent, im Advent (Nr. 13)

Jesus, das Licht der Welt, kommt in unsere Dunkelheit und macht sie hell

Anlass/Themenkreis	Heiliger Abend, Kinderchristmette
Ziel	Die Kinder sollen spüren, dass Jesus als Licht der Welt zu uns kommt, um unser Leben hell zu machen
Vorbereitungen	Teelichter als Sterne verzieren für alle Familien Stellwand mit blauen Tüchern und Lichternetz behängen Vor der Stellwand wird eine Krippe aus Tüchern und Stroh vorbereitet Teelichter als Sterne werden um die Krippe gestellt Geschichte proben Keyboard(er) für mystische Hintergrundmusik (als Ersatz auch Orffinstrumente möglich)
Weitere Materialien	Bibel 7 Kerzen fürs Spiel; Lichter für Prozession; Kerzen für Tanzkinder Kleidung für Spiel (Hirte, Maria und Josef) Jesuskind Keyboard (Oder Orffinstrumente: Xylophon, Glockenspiel, Trommel, Becken) CD-Player mit Lied „Das Licht aus der Höhe“, aus S. Fietz, Millennium

Gottesdienstübersicht

Einstimmung

Geschichte

Evangelium: Die Geburt Jesu (Lk 2,1–19)

Lichterprozession

Fortsetzung der Geschichte

Tanz

Anbetung des Jesuskindes

Aktion

Gebet

Gottesdienstverlauf

▼

Hinführung und Begrüßung

Der/die GottesdienstleiterIn und die Ministrantinnen und Ministranten ziehen in die dunkle Kirche ein. Dazu: „Mystische Musik"

Gedanken zu Beginn der Feier

Verschiedene Personen lesen jeweils einen Satz der folgenden Gedanken, dazu wird immer noch mystische Musik im Hintergrund gespielt.

In dieser Stunde, in dieser Heiligen Nacht öffnet sich der Himmel über allen, die im Dunkeln leben.
Das Licht Gottes durchbricht diese Nacht, durchbricht die Dunkelheit.
Du Licht aus der Höhe, komm zu uns und strahle in unser Leben hinein.
Du Licht aus der Höhe, komm zu uns und erwärme unsere Herzen.
Du Licht aus der Höhe, komm zu uns und entzünde dein Feuer, wo keine Hoffnung mehr ist.
Du Licht aus der Höhe, komm zu uns und stifte Frieden, da, wo Streit herrscht.
Du Licht aus der Höhe, komm zu uns und beruhige die erhitzten Gemüter.
Du Licht aus der Höhe, komm zu uns und bringe Freude, da, wo Trauer und Leid herrschen.
Du Licht aus der Höhe, komm zu uns und erleuchte die Welt mit deiner Liebe.
Ja, du Licht, komm zu uns in dieser Stunde und mach uns bereit und offen für deine Ankunft.

Die Kirche wird etwas erhellt, so dass die Gemeinde singen kann.

Lied: Im Advent, im Advent, Str. 1, 2 u. 4 (Nr. 13)

Begrüßung

Herzlich willkommen zu unserer Feier am Heiligen Abend. Wir haben uns hier versammelt, um das Fest miteinander zu feiern, auf das wir uns in der Adventszeit vorbereitet haben. Wir haben uns hier versammelt, um das Weihnachtsfest als Fest des Lichtes miteinander zu feiern. Jesus kommt mit seinem Licht und mit seiner Liebe zu uns. Da, wo es dunkel ist in unserem Leben und in unserer Welt, da will Jesus uns leuchten. Er will jede Nacht unseres Lebens zu einer heiligen Nacht machen. So beginnen wir diesen Gottesdienst im Namen dessen, der unser Leben erleuchtet, und beten gemeinsam:
Im Namen des Vaters …

Hinführung zur Geschichte

In den vier Adventsgottesdiensten haben uns verschiedene Geschichten zum Weihnachtsfest hingeführt – Geschichten von Lichtern in der Dunkelheit. Sie alle haben auf Jesus hingewiesen, der heute zu uns kommen will. Lassen wir uns auch jetzt wieder ansprechen und uns zur Weihnachtsbotschaft hinführen.

Geschichte

▼

Die Geschichte wird von Erwachsenen bzw. Kindern und Jugendlichen gespielt. Außerdem wird die Geschichte mit Orffinstrumenten oder mystischer Musik untermalt.
Die Personen sitzen im Kirchenraum verteilt. Bei jeder Begegnung steht die entsprechende Person auf. Die „Stimme“ wird aus dem Hintergrund gesprochen.

Ein Hirte tritt in die Mitte.
Es war einmal ein alter Hirte, der sich tief in seinem Herzen danach sehnte, geliebt zu werden.
HIRTE: „Ich fühle mich allein gelassen. Wozu bin ich überhaupt gut? Den ganzen Tag hüte ich die Schafe oder betrachte die Sterne am Himmel. Ich ziehe von einem Ort zum anderen. Wen interessiert das überhaupt? Wer liebt mich eigentlich?“
Hirte setzt sich hin.
Der alte Hirte spürte eine tiefe Sehnsucht nach Angenommensein, nach Liebe. Er war auf der Suche nach einem erfüllten Leben. In seinem Herzen war es dunkel. Eines Nachts hörte er eine Stimme in seinem Innern:

STIMME: „Mach dich auf den Weg! Suche das Licht! Es wird dir leuchten! Es wird dir dein Leben erhellen! Es wird dir deine Sehnsucht nach Liebe erfüllen!“

Der alte Hirte erwachte am nächsten Tag und erinnerte sich voller Verwunderung an seinen Traum. *Hirte steht auf, schaut verwundert.*

STIMME: „Mach dich auf den Weg! Suche das Licht! Es wird dir leuchten! Es wird dir dein Leben erhellen! Es wird dir deine Sehnsucht nach Liebe erfüllen!“

Der alte Hirte überlegte nicht lange. Er zündete ein kleines Licht an und machte sich auf den Weg.

Hirte läuft ein Stück. Dazu: Musikuntermalung.

Auf dem Weg begegnete ihm eine Frau:

FRAU: „Wo gehst du hin?“

HIRTE: „Ich lebe in der Dunkelheit. Ich suche das Licht!“

FRAU: „Dunkelheit ist auch in mir. Ich bin traurig. Alles ist so sinnlos. In meinem Leben gibt es keine Freude mehr. Ich weiß einfach nicht, über was ich mich noch freuen soll.“

HIRTE: „In deinem Leben ist es dunkel. Komm, ich schenke dir ein Licht. Mach dich mit mir auf den Weg. Vielleicht findest du wieder Freude am Leben!“

Lied: Jesus – Licht unseres Lebens, Refrain (Nr. 18) – *Licht wird entzündet.*

So machten sich die beiden auf den Weg. Es war schon ein wenig heller geworden. Da begegneten sie einem Mann:

Mann: „Wo geht ihr hin?“

HIRTE: „Wir leben in der Dunkelheit. Wir suchen das Licht, das unser Leben erleuchtet.“

MANN: „Dunkelheit ist auch in mir. Alles ist so aussichtslos. Ich glaube nicht mehr an das Gute. Ich habe die Hoffnung aufgegeben. Wozu bin ich überhaupt noch da?“

HIRTE: „In deinem Leben ist es dunkel. Komm, ich schenke dir ein Licht. Mach dich mit uns auf den Weg. Vielleicht findest du wieder Hoffnung für dein Leben!“

Lied: Jesus – Licht unseres Lebens, Refrain (Nr. 18) – *Licht wird entzündet.*

So machten sie sich zu dritt auf den Weg. Es wurde immer heller um sie herum. Da begegneten sie einem Jugendlichen:

JUGENDLICHER: „Wohin geht ihr?"

HIRTE: „Wir leben in der Dunkelheit. Wir suchen das Licht, das unser Leben erleuchtet."

JUGENDLICHER: „Mein Leben ist auch dunkel und verworren. Ich denke ständig über den Sinn des Lebens nach und über die Zukunft, die vor mir liegt. Was kommt wohl auf mich zu?"

HIRTE: „In deinem Leben ist es dunkel. Komm, ich schenke dir ein Licht. Mach dich mit uns auf den Weg. Vielleicht findest du wieder einen Sinn in deinem Leben!"

Lied: Jesus – Licht unseres Lebens, Refrain (Nr. 18) – *Licht wird entzündet.*

So machten sie sich zu viert auf den Weg. Immer heller wurde es um sie herum. Da begegnete ihnen eine Frau:

FRAU: „Wohin geht ihr?"

HIRTE: „Wir leben in der Dunkelheit. Wir suchen das Licht, das unser Leben erleuchtet."

FRAU: „Ihr sucht das Licht. Welches Licht überhaupt? Ich habe keinen Glauben. An was soll ich eigentlich glauben? Ich komme auch ohne Glaube durchs Leben. Gut geht es mir zwar nicht. Ich habe kein Ziel vor Augen. Aber was soll's. Da muss ich durch. Irgendwie muss es gehen!"

HIRTE: „In deinem Leben ist es dunkel. Komm, ich schenke dir ein Licht, auch wenn du nicht daran glaubst. Mach dich mit uns auf den Weg. Lass dich einfach darauf ein. Vielleicht findest du den Glauben!"

Lied: Jesus – Licht unseres Lebens, Refrain (Nr. 18) – *Licht wird entzündet.*

So machten sie sich zu fünft auf den Weg. Um sie herum war es schon gar nicht mehr so dunkel.

Da begegnete ihnen ein Kind:

KIND: „Wohin geht ihr?"

HIRTE: „Wir leben in der Dunkelheit. Wir suchen das Licht, das unser Leben erleuchtet."

KIND: „In mir ist es immer dunkel. Ich traue mir nichts zu. Ich habe keinen Mut, etwas Neues auszuprobieren. Ich habe Angst, ich könnte mich blamieren."

HIRTE: „In deinem Leben ist es dunkel. Ich schenke dir ein Licht. Mach dich mit uns auf den Weg. Vielleicht findest du den Mut, den du brauchst für dein Leben."

Lied: Jesus – Licht unseres Lebens, Refrain (Nr. 18) – *Licht wird entzündet.*

So machten sie sich zu sechst auf den Weg. Das Licht leuchtete ihnen und es ging ihnen in der Gemeinschaft schon ein bisschen besser. Da begegnete ihnen ein Mann:

MANN: „Wohin geht ihr?"

HIRTE: „Wir leben in der Dunkelheit. Wir suchen das Licht, das unser Leben erleuchtet."

MANN: „Dunkel ist es bei mir in den letzten Wochen auch. Ich habe nur noch mit Menschen zu tun, die sich gegenseitig beschimpfen, die miteinander im Streit leben und sich Vorwürfe machen!"

HIRTE: „Du lebst im Dunkeln. Hier, ich schenke dir ein Licht. Mach dich mit uns auf den Weg. Vielleicht findest du ja den Frieden."

Lied: Jesus – Licht unseres Lebens, Refrain (Nr. 18) – *Licht wird entzündet.*

Von den kleinen Lichtern erleuchtet, machten sie sich weiter auf den Weg. Der Weg war nicht gerade leicht. Sie gingen über steinige Wege, durch dunkle Schluchten und über manchen Graben.
Werden sie das Licht finden, nach dem sie suchen?
Die Personen bleiben im Hintergrund stehen.

▼

Frohe Botschaft

Lied: In den Gedanken und Worten mein (Nr. 18)

Evangelium

Kinder als Maria und Josef stehen bereits im Mittelgang der Kirche

2 MinistrantInnen ziehen mit Kerzen neben dem/der Gottesdienstleiterin zunächst zum Altar, um die Bibel zu holen, und dann zum Ambo zur Verkündigung des Evangeliums:

In jener Zeit erlässt Kaiser Augustus einen Befehl. Er schickt Boten nach Nazareth. Alle Menschen sollen in ihre Heimatstadt gehen und sich dort in große Listen einschreiben lassen. Der Kaiser will wissen, wie viele Menschen in seinem Reich wohnen.
So macht sich auch Josef aus Nazareth mit Maria auf den Weg nach Bethlehem, in die Stadt Davids. ♫ *Xylophon oder Musikuntermalung*
Maria und Josef gehen langsam im Mittelgang nach vorne.
Dort will er sich mit Maria eintragen lassen. Maria aber erwartet ein Kind.
Als sie nach Bethlehem kommen, suchen sie ein Haus, wo sie bleiben können. ♫ *Glockenspiel oder Musikuntermalung*
Maria und Josef bleiben im vorderen Drittel der Kirche stehen.
Aber die Türen bleiben verschlossen. Es ist kein Platz für sie. Die Häuser bleiben dunkel.
♫ *Trommel oder Musikuntermalung*
Da gehen sie hinaus vor die Stadt Bethlehem und finden einen Stall. Dort bleiben sie.
Maria und Josef stellen sich hinter die Krippe.
Diese Nacht ist eine besondere Nacht, es ist die Heilige Nacht. In dieser Nacht wird von Maria das Kind geboren – Jesus Christus, unser Heiland. ♫ *Becken oder Musikuntermalung*
Maria wickelt das Kind aus ihrem Rock und hält es hoch, dass es jeder sehen kann, dann hält sie es in ihren Armen.

Lichterprozession

▼

Die Kirche wird verdunkelt. Nur die Kerzen am Christbaum und am Mittelbild leuchten. Zum folgenden Lied ziehen Maria und Josef begleitet von Kindern mit Lichtern durch die Kirche.

Lied: Stille Nacht (Tr 484)

Die Kirche wird wieder etwas erhellt.

Fortsetzung der Geschichte

▼

HIRTE: „Ich sehe einen Stall. Ein helles Licht leuchtet darin. Es dringt durch die Dunkelheit. Lasst uns hingehen und schauen!"
Als sie bei der Krippe angekommen waren, wurde es ihnen ganz warm ums Herz. Sie sahen ein kleines Kind in einer Futterkrippe

liegen. Von diesem Kind ging so viel Licht und Wärme aus, dass ihr Herz ganz und gar davon erfüllt wurde.

HIRTE: „Ich habe das Licht gefunden. Hier spüre ich, dass ich mit mir und meinem Leben zufrieden sein kann. Ich darf so sein, wie ich bin. Ich werde geliebt, so, wie ich bin. Ich brauche nicht mehr zu leisten, nur um Anerkennung und Liebe zu bekommen!" ♫ *Becken*

FRAU: „Dieses Kind hier macht mich froh. Alle Trauer ist verschwunden. Ich spüre eine tiefe Freude in mir." ♫ *Becken*

MANN: „Ich spüre wieder Hoffnung in mir. Ja, ich darf mich nicht hängen lassen. Das spüre ich. Dieses Kind macht mir Hoffnung." ♫ *Becken*

JUGENDLICHER: „Ja, hier geht es mir gut. Ich glaube, mein Leben hat doch einen Sinn." ♫ *Becken*

FRAU: „Dies ist also euer Licht. Es trifft selbst mich in meinem Innern. Ich fange langsam zu glauben und zu begreifen an." ♫ *Becken*

KIND: „Ja, dieses Kind hier macht mir Mut. Mut zum Leben. Mut, etwas zu wagen. Hier geht es mir gut!" ♫ *Becken*

MANN: „Aller Streit ist so weit weg. Hier spüre ich Gemeinschaft und Miteinander. Dieses Kind will uns verbinden, will uns Frieden schenken, das spüre ich." ♫ *Becken*

ALLE: „Ja, dieses Kind in der Krippe ist das Licht, das unsere Dunkelheit erleuchtet." ♫ *Becken*

Die Personen bleiben mit ihrem Licht bei der Krippe stehen. Nach dem Tanz stellen sie ihr Licht an der Krippe ab.

▼ **Lichtertanz**

Die Kirche wird verdunkelt. Zum Lied „Das Licht aus der Höhe" (CD „Millennium" von Siegfried Fietz) tanzen Kinder mit Kerzen einen Lichtertanz. Anschließend werden die Kerzen zur Krippe gestellt.

Die Kirche wird wieder etwas erhellt.

▼ **Anbetung**

Dieses Kind in der Krippe, von dem so viel Licht und Wärme ausgeht, dieses Kind wollen wir nun anbeten, diesem Kind wollen wir sagen, was wir auf dem Herzen haben. Von diesem Kind wollen wir uns erleuchten lassen.

Während alle Kinder nach vorne kommen und sich in einem großen Kreis um die Krippe stellen, singen wir:
Lied: Ihr Kinderlein, kommet

Nach jedem zweiten Anbetungsteil singen wir:
Lied: Wir beten dich an (Nr. 24)

Du kleines Kind in der Krippe. Du schenkst uns Freude.
Erleuchte mit deinem Licht alle Menschen, die traurig sind.

Du kleines Kind in der Krippe. Du schenkst uns Hoffnung.
Erleuchte mit deinem Licht alle Menschen, die niedergedrückt und ohne Hoffnung sind.

Lied: Wir beten dich an (Nr. 24)

Du kleines Kind in der Krippe. Du schenkst uns einen Sinn für unser Leben.
Erleuchte mit deinem Licht alle Menschen, die auf der Suche nach einem erfüllten und sinnvollen Leben sind.

Du kleines Kind in der Krippe. Du schenkst uns Glauben.
Erleuchte mit deinem Licht alle Menschen, die zweifeln.

Lied: Wir beten dich an (Nr. 24)

Du kleines Kind in der Krippe. Du schenkst uns Mut.
Erleuchte mit deinem Licht alle Menschen, die mutlos sind.

Du kleines Kind in der Krippe. Du schenkst uns Frieden.
Erleuchte mit deinem Licht alle Menschen, die im Streit leben.

Lied: Wir beten dich an (Nr. 24)

Vaterunser

▼

All unsere Anliegen und Bitten fassen wir mit dem Gebet zusammen, das Jesus selbst seinen Jüngern gelehrt hat: Vater unser im Himmel …

Friedensgruß

▼

Als Jesus geboren wurde, haben Engel den Frieden auf Erden verkündet. Jesus schenkt uns diesen Frieden, den wir so dringend brauchen. So lasst uns jetzt die Hände reichen, wenn wir im Lied um den Frieden bitten:

Lied: Friedenslied (Nr. 11)

Der Friede des neugeborenen Herrn sei allezeit mit euch!

▼

Aktion
Jesus liegt hier als kleines Kind in unserer Mitte. Er ist umgeben von vielen Lichtern. Er selbst ist das größte Licht dieser Welt.
Jede Familie ist nun eingeladen, nach vorne zu kommen und dieses Licht der Liebe, der Freude, des Friedens von der Krippe nach Hause zu tragen – weiterzutragen in unsere Familien, in unseren Alltag. Dieses Licht soll uns leuchten, soll unser Leben hell machen.

Zur Aktion singen wir umrahmt von Instrumentalmusik folgendes Lied:
Lied: Nun freut euch, ihr Christen (GL 143) *so lange, bis alle wieder auf ihren Plätzen sind.*

Schlussgebet
Guter Gott. Du hast uns in dieser Nacht deinen Sohn geschenkt, der als Licht der Welt unser Leben hell macht. Lass auch uns zu Kindern des Lichtes werden und die Weihnachtsbotschaft nach Hause tragen, damit in unseren Familien, in unserer Welt das Licht der Liebe aufgeht und damit wir voller Freude Weihnachten feiern können.

Segen und Verabschiedung
So segne und behüte uns der gute und liebende Gott, der Vater, der Sohn und der Heilige Geist. Amen.

Schlusslied: O du fröhliche (Tr 485)

Festlicher Auszug

2. Gottesdienstreihe

Adventliche Zeichen erzählen von Jesus

Der Tannenzweig – Zeichen der Hoffnung

Anlass/Themenkreis
Erster Advent

Ziel
Die Kinder erfahren den Tannenzweig als Zeichen der Hoffnung und deuten ihn auf Jesus

Vorbereitungen
Adventskranz
Ein Tisch mit 4 Stühlen und einer Vase und ein Tannenbaum werden aufgestellt
Geschichte mit Akteuren proben (alter Mann Manuel, Frau, junger Mann, Kind)
In der Mitte liegt ein Reifen

Weitere Materialien
Bibel
Braunes, weißes, schwarzes Tuch
Großer Tannenzweig, kleine Zweige für Kranz, 4 Zweige für Fürbitten und Zweige für alle Kinder zum Mit-nach-Hause-Nehmen
Korb für Zweige
Warme Jacke und Brot für „Manuel"
Orffinstrumente: Xylophon, Becken, Trommel, Flöte, Triangel
CD-Player mit Meditationsmusik

Gottesdienstübersicht

Einleitung

Katechese

Geschichte

Evangelium: Jesus sagt: „Gott ist ein Gott des Lebens …" (Lk 20,38)

Gebet

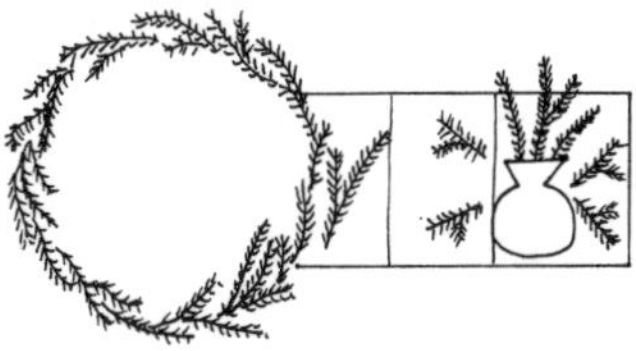

Gottesdienstverlauf

Lied: Schaut, das Licht, Str. 1 (Nr. 22)
Während des Liedes wird die erste Kerze am Adventskranz angezündet und von einem Kind im Kreis getragen.

Begrüßung und Hinführung

▼

Herzlich willkommen zu unserem Gottesdienst heute am Beginn der Adventszeit. Wir warten auf Jesus; er will an Weihnachten zu uns kommen. Wenn uns jemand besuchen will, bereiten wir uns darauf vor. Zu Hause habt ihr bestimmt schon einen Adventskranz, und auch die Wohnung ist adventlich geschmückt. Das alles sind Zeichen, die uns an Jesu Ankunft erinnern. Oft bleibt es aber bei diesen äußerlichen Zeichen. Wir wollen uns in den kommenden Gottesdiensten auch innerlich vorbereiten auf Jesu Ankunft und erleben, was uns die Zeichen sagen können.

Kreuzzeichen

▼

Diesen Gottesdienst und die ganze Adventszeit beginnen wir ganz bewusst im Zeichen des Kreuzes, das uns untereinander und mit Gott verbindet:
Im Namen des Vaters ...

Lied: Seht, die gute Zeit ist nah (Liederbuch zum Umhängen I, Nr. 81)

Katechese

▼

Ein braunes Tuch wird von einem Kind im Kreis getragen und dann hochgehalten.
Dazu: ♫ Xylophon
In der Natur ist fast alles abgestorben, leblos, verwelkt. Braun ist der Acker und das Feld; verwelkt sind die Blumen und kahl die Bäume. Die Blätter liegen braun und ausgetrocknet auf der Erde.
Braunes Tuch wird an den Reifen angelegt.

Ein weißes Tuch wird von einem Kind im Kreis getragen und dann hochgehalten:
Dazu: ♫ Becken
Bald (jetzt) wird alles von Schnee bedeckt. Alles ist kalt und starr, manches sogar ganz erfroren.

Weißes Tuch wird zu drei Vierteln über das braune Tuch gelegt.

Ein schwarzes Tuch wird von einem Kind im Kreis getragen und dann hochgehalten:
Dazu: ♫ Trommel
Immer dunkler wird in dieser Zeit das Leben, weil die Sonne nur noch kurz scheint. Die Tage nehmen ab und die Nächte nehmen zu. Wir halten uns viel im Haus auf, und oft müssen wir ein Licht anmachen, damit wir etwas sehen.
Schwarzes Tuch wird halb über das weiße Tuch gelegt.

Ein großer grüner Tannenzweig wird von einem Kind im Kreis getragen und hochgehalten:
Dazu: ♫ Flöte
In dieser Zeit, wo draußen alles kahl, leblos und dunkel ist, holen wir uns einen grünen Zweig in unsere Wohnungen.
Der große Zweig wird auf die Tücher gelegt. Aus einem Korb werden kleine Zweigchen an jedes Kind verteilt. Dazu: Meditationsmusik

Wir legen den Zweig auf unsere Hand und schauen ihn genau an.
Kinder beschreiben den Zweig.
Wir streichen über den Zweig und spüren ihn. *Kinder beschreiben, wie er sich anfühlt.*
Wir riechen an dem Zweig. *Kinder beschreiben, was sie riechen.*
Wir hören, was der Zweig uns sagen will:
- Ich bin grün.
- Ich schenke Hoffnung.
- Ich lebe auch in dieser Zeit und bin so ein Zeichen dafür, dass im Frühling wieder alles grünen und blühen wird. Die Erde bleibt nicht so kahl, wie sie ist. Es wird wieder Leben geben.
- Auch die Menschen dürfen hoffen auf neues Leben, auf Jesus, der uns gutes Leben schenken will. Er wird bald geboren. Er schenkt uns Freude und Hoffnung und macht alle Menschen froh. Er macht unser dunkles Leben hell. Darauf dürfen wir hoffen.

Lied: Adventliche Zeichen, Str. 1 (Nr. 1)

Die Kinder legen ihre Zweige als Kranz um den Reifen. Dazu: Meditationsmusik

Hinführung zur Geschichte

Der Tannenzweig ist ein Hoffnungszeichen. Wir dürfen darauf hoffen, dass Jesus bald kommt, dass Gott sich mit uns verbindet, dass Gott da ist. In unserer Geschichte erleben wir auch diese Hoffnung auf Gott.

Geschichte

Die Geschichte wird mit den angegebenen Rollen gespielt und mit Orffinstrumenten untermalt. An den Handlungsorten steht ein Tisch (mit Vase) mit vier Stühlen und ein Tannenbaum.

Der alte Manuel war ein armer Mann. Er hatte die Lust am Leben verloren, weil er immer allein war und keine echten Freunde hatte. In seinem Leben war es dunkel. ♫ *Trommel*

Seine Gelenke waren fast erstarrt und seine Gedanken eingefroren. ♫ *Becken*

Er dachte bei sich:

MANUEL: „Warum ist es bei mir nur so dunkel? Warum bin ich so alleine? Wozu lebe ich überhaupt noch?" ♫ *Trommel*

Als er wieder einmal ganz verzweifelt war, hörte er eine Stimme. Erst war sie nur ganz leise, fast unhörbar, doch je mehr er sich auf die Stimme konzentrierte, umso deutlicher konnte er sie vernehmen. ♫ *Triangel*

STIMME: „Manuel, bewege dich und mach dich auf den Weg. Suche Gott – er wird dir neue Hoffnung für dein Leben geben."

Manuel wunderte sich über die Stimme und dachte:

MANUEL: „Ich bin doch schon so alt und habe Gott noch nicht gefunden. Wohin soll ich gehen, um ihm zu begegnen?" ♫ *Triangel*

Aber trotz seiner Hoffnungslosigkeit bewegte ihn etwas, das ihn schließlich dazu brachte, aufzustehen und sich auf den Weg zu machen. ♫ *Xylophon*

Gegen die Kälte zog er seine wärmste Jacke an, und für den Hunger nahm er Brot mit, um für einen langen Weg gerüstet zu sein. Es war Winter. Schnee bedeckte das ganze Land. So starr, dunkel und leblos es in Manuels Herzen war, so war es auch draußen: kalt, starr und frostig. ♫ *Becken*

Nachdem er schon ein ganzes Stück gegangen war, traf er eine Frau auf dem Weg, die er fragte:

MANUEL: „Ich suche Gott? Weißt du, wo ich ihn finden kann?"

FRAU: „Das kann ich dir auch nicht sagen. Ich kenne ihn nicht. Ich bin traurig, weil mein Mann gestorben ist und ich jetzt so alleine bin."

MANUEL: „Dein Mann wird immer in deinem Herzen sein. Du aber musst nach vorne schauen und dein Leben neu in die Hand nehmen."

FRAU: „Deine Worte geben mir Hoffnung. Nimm als kleines Dankeschön diesen Tannenzweig, der hier am Ort unserer Begegnung gewachsen ist."

Frau schneidet Zweig vom Baum ab.

MANUEL: „Dankeschön, ich werde ihn als Erinnerung an dich mitnehmen."

Durch diese Begegnung gestärkt setzte Manuel seinen Weg fort, um Gott zu suchen. ♫ *Xylophon*

Nach einem weiteren Stück begegnete ihm ein junger Mann, den er fragte:

MANUEL: „Ich suche Gott? Weißt du, wo ich ihn finden kann?"

MANN: „Das kann ich dir auch nicht sagen. Ich kenne ihn nicht. Ich bin mutlos, weil ich keine Arbeitsstelle finde und mir so sinnlos vorkomme!"

MANUEL: „Gib nicht auf, es gibt bestimmt einen Ort, an dem du gebraucht wirst. Suche weiter und nutze deine Fähigkeiten."

MANN: „Deine Worte geben mir Hoffnung. Nimm als kleines Dankeschön diesen Tannenzweig, der hier am Ort unserer Begegnung gewachsen ist."

Mann schneidet Zweig vom Baum ab.

MANUEL: „Dankeschön, ich werde ihn als Erinnerung an dich mitnehmen."

Wieder ging er auf seinem Weg weiter, um Gott zu suchen.

♫ *Xylophon*

Er war gestärkt durch die Begegnung mit dem jungen Mann. Nach einer Weile begegnet ihm ein Kind, das er fragte:

MANUEL: „Ich suche Gott? Weißt du, wo ich ihn finden kann?"

KIND: „Das kann ich dir auch nicht sagen. Ich kenne ihn nicht. Mir hat noch niemand von ihm erzählt!"

MANUEL: „Du bist noch jung. Du hast noch viele Möglichkeiten,

Gott in deinem Leben zu finden. Sei offen und bereit, vielleicht wirst du ihn dann finden."

KIND: „Deine Worte geben mir Hoffnung. Nimm als kleines Dankeschön diesen Tannenzweig, der hier am Ort unserer Begegnung gewachsen ist."

Kind schneidet Zweig vom Baum ab.

MANUEL: „Dankeschön, ich werde ihn als Erinnerung an dich mitnehmen."

Mit den drei Zweigen in der Hand setzte Manuel seinen Weg fort.
♫ *Xylophon*

In seinem Herzen spürte er schon mehr Hoffnung als am Anfang seines Weges. In der Ferne sah er ein Haus, das ihm sehr vertraut war. Als Manuel näher kam, sah er, dass es sein eigenes Haus war. Er lief darauf zu und freute sich, wieder zu Hause zu sein.
♫ *Triangel*

Er stellte die drei Zweige auf seinen Tisch in eine Vase und setzte sich nachdenklich auf seinen Stuhl.

Als er die Zweige anschaute, hörte er wieder die Stimme, die zu ihm sprach: ♫ *Triangel*

STIMME: „Manuel, auf der Suche nach Gott, bist du drei Menschen begegnet, denen du Mut und Hoffnung gemacht hast. In diesen Menschen bist du Gott selbst begegnet. Er ist in diesen Menschen zu dir gekommen und hat dir durch das Geschenk der Tannenzweige selbst Hoffnung gemacht!"
♫ *Triangel*

Als Manuel so dasaß und über alles nachdachte, klopfte es an der Tür. Und draußen standen die Frau, der junge Mann und das Kind, denen er auf seinem Weg begegnet war. Sie sagten:

FRAU: „Du hast mich in meiner Trauer getröstet. Das hat mir gut getan. Ich will deine Freundin sein." ♫ *Triangel*

JUNGER MANN: „Du hast mir Mut gemacht für mein weiteres Leben. Auch ich will dein Freund sein." ♫ *Triangel*

KIND: „Du hast mich gelehrt, Gott zu suchen, und ich habe ihn in der Begegnung mit dir gefunden. Darf ich auch dein Freund sein?" ♫ *Triangel*

Manuel freute sich, und gemeinsam setzten sie sich an den Tisch und aßen miteinander. Sie feierten ihre Gemeinschaft und ihre Freundschaft.

So hatte Manuel wieder Freunde und in der Gemeinschaft Gott gefunden. ♫ *Becken (mehrmals) – Vase mit Tannenzweigen wird auf Tücher gestellt.*

Lied: Adventliche Zeichen, Str. 1 (Nr. 1)

Auslegung

▼

So wie sich der alte Manuel auf den Weg gemacht hat, um Gott zu suchen, machen auch wir uns im Advent auf den Weg, um Gott ein Stück näher zu kommen. Gott begegnet auch uns täglich in Menschen, die uns Mut und Hoffnung machen. Gott begegnet uns aber auch an Weihnachten, indem er Jesus auf die Erde schickt und sich so mit uns Menschen verbindet.
Hören wir nun hoffnungsvolle Worte aus der Bibel:

Frohe Botschaft

▼

Lied: In den Gedanken und Worten mein (Nr. 14)

Evangelium
Jesus sagt: „Gott ist ein Gott des Lebens. Er will, dass die Menschen Hoffung haben."

Fürbitten

▼

Guter Gott, wir freuen uns auf Jesus, der uns immer wieder Hoffnung macht, wo es dunkel in uns ist. Wir bitten dich:
Vier Kinder lesen Fürbitten mit Tannenzweigen in der Hand. Die Zweige werden anschließend um die Vase gelegt. Nach jeder Fürbitte singen wir:

Lied: Jesus, du bist für uns das Licht, Str. 5 (Nr. 17)

- Komm, Herr Jesus, schenke Hoffnung allen Menschen, um die sich niemand kümmert, die einsam und allein sind.
- Komm, Herr Jesus, schenke Hoffnung allen Menschen, die traurig sind.
- Komm, Herr Jesus, schenke Hoffnung allen Menschen, die krank sind und die nicht wissen, wie es weitergehen soll.
- Komm, Herr Jesus, schenke Hoffnung allen Menschen, die Angst haben.

Vaterunser

▼

Wir beten, wie es uns Jesus gelehrt hat, und verbinden uns mit Gott:
Vater unser im Himmel …

Friedensgruß

▼

Lied: Offen kommen wir zu dir (Nr. 20)

Schlussteil

▼

Schlussgebet
Bald wird Jesus geboren.
Er macht alles neu.
Er schenkt uns Hoffnung.
Er schenkt uns Freude.
Er schenkt uns Frieden.
Er schenkt uns Liebe.
Er schenkt uns neues Leben.
Amen.

Segen und Verabschiedung
Kinder bekommen einen Zweig mit nach Hause, der sie durch die Adventszeit begleiten soll.

Lied: Ein Kind will zu uns kommen, Str. 1, 3, 4, 7 (Nr. 7)

Das Licht – Zeichen der Wärme und der Helligkeit

Anlass/Themenkreis	Zweiter Advent
Ziel	Die Kinder erfahren das Licht als Zeichen der Wärme und Helligkeit und deuten es auf Jesus
Vorbereitungen	Adventskranz Geschichte mit Akteuren proben (Mann, vier Kinder) In der Mitte liegt das Bild des Gottesdienstes „Der Tannenzweig – Zeichen der Hoffnung“ Tisch mit fünf Stühlen steht im Mittelpunkt der Geschichte
Weitere Materialien	Bibel Schwarzes Tuch, fünf schwarze Tücher für Geschichte (dunkles Haus) Kerze für Katechese, 4 Kerzen für Geschichte, Kerzen für Lichtertanz, 4 Kerzen für Fürbitten, Kerzen für alle Kinder zum Mit-nach-Hause-Nehmen Gelbe Tonpapierstreifen Orffinstrumente: Trommel, Triangel, Becken CD-Player mit Tanzmusik

Gottesdienstübersicht

Einleitung

Katechese

Geschichte

Lichtertanz

Evangelium: Jesus sagt: „Ich bin das Licht der Welt“ (Joh 8,12)

Gebet

Gottesdienstverlauf

Lied: Schaut, das Licht, Str. 1 u. 2 (Nr. 22)
Während des Liedes wird die erste und zweite Kerze am Adventskranz angezündet und von je einem Kind im Kreis getragen.

▼

Begrüßung und Hinführung

Ich begrüße euch alle ganz herzlich zu unserem Gottesdienst am zweiten Adventssonntag. Eine Woche warten wir nun schon. In dieser Zeit helfen uns adventliche Zeichen in unserem Leben, die uns vieles von Jesus und seinem Geburtsfest erzählen können. Im letzten Gottesdienst hat uns der Tannenzweig Hoffnung gemacht, dass nach der kalten und starren Zeit wieder neues Leben aufbrechen kann.
In unserem heutigen Gottesdienst will uns ein weiteres Zeichen zu Jesus führen.

▼

Kreuzzeichen

Wir beginnen den Gottesdienst im Zeichen der Hoffnung und des Lebens und beten gemeinsam:
Im Namen des Vaters …

Lied: Seht, die gute Zeit ist nah (Liederbuch zum Umhängen I, Nr. 81)

▼

Katechese

Ein schwarzes Tuch wird von einem Kind im Kreis getragen und dann hochgehalten: Dazu:
♫ Trommel
In dieser Zeit des Jahres erleben wir viel Dunkelheit.
Dunkel ist es draußen schon am späten Nachmittag, am Abend, in der Nacht und früh am Morgen.
Dunkel ist es, wenn wir in den Häusern das Licht ausmachen.
Dunkel ist es aber auch bei manchen Menschen im Herzen, wenn sie traurig, krank, einsam oder mutlos sind.
Schwarzes Tuch wird an den Reifen angelegt.
Wir schließen einmal die Augen, um die Dunkelheit zu erfahren.
Alle Kinder schließen ihre Augen, indem sie die Hände vor die Augen halten. Dazu: ♫ Trommel

Eine Kerze wird entzündet und an den Kindern vorbeigetragen, so dass die Kinder trotz der verschlossenen Augen wahrnehmen, dass ein Lichtschein die Dunkelheit erleuchtet.
Wir öffnen langsam die Finger vor den Augen, so dass es immer heller wird.
Kerze wird von einem Kind im Kreis getragen und gehalten.
Die Kerze will uns sagen:

– Jetzt in der Winterzeit, wo es draußen kalt, nass und dunkel ist, da stehe ich in vielen Häusern und leuchte.
– Ich verbreite Licht und Wärme.
– Ich vertreibe die Dunkelheit.
– Auch Jesus vertreibt unsere Dunkelheit, wenn er an Weihnachten geboren wird.
– Jesus ist für uns das Licht in der Dunkelheit.
– Er macht unser Leben hell und froh.

Die Kerze wird auf das schwarze Tuch gestellt.
Als Zeichen des Lichtscheins legen wir nun gelbe Strahlen an die Kerze.
Kinder legen gelbe Tonpapierstreifen um die Kerze.

Lied: Adventliche Zeichen, Str. 2 (Nr. 1)

Hinführung zur Geschichte

▼

Das Kerzenlicht macht die Dunkelheit hell. Im Dunkeln kann keiner leben. Wir brauchen das Licht, die Wärme, die Helligkeit, um leben zu können. Unsere Geschichte kann uns dies vielleicht deutlich machen.

Geschichte

▼

Die Geschichte wird mit den angegebenen Rollen gespielt und mit Orffinstrumenten untermalt. Kinder spielen das dunkle Haus mit schwarzen Tüchern im Hintergrund. Davor steht ein Tisch mit 5 Stühlen.
In einem kleinen Dorf stand schon viele Jahre am Waldrand ein kleines Haus. Aus diesem Haus strahlte noch nie ein Licht.
♫ *Trommel*
Keiner wusste, wer dort wohnte und warum es in diesem Haus so dunkel war. ♫ *Trommel*
Noch nie hatten die Menschen jemanden im Garten gesehen.
♫ *Trommel*

Den Erwachsenen war es auch egal, wer in diesem Haus lebte. Sie kümmerten sich nicht darum. ♫ *Trommel*

Nur die Kinder, die täglich an dem Haus vorbeiliefen, fragten sich immer wieder:

KIND 1: „Warum ist es in diesem Haus immer so dunkel?"

KIND 2: „Das ist richtig unheimlich."

KIND 3: „Ich möchte wissen, wer in diesem Hause wohnt."

KIND 4: „Ich habe noch nie jemanden herauskommen sehen."

KIND 1: „Wollen wir uns heute Nachmittag hier treffen und einfach einmal klingeln?"

KIND 2: „Ja, vielleicht macht uns jemand die Tür auf."

KIND 3: „Wir nehmen aber alle eine Kerze mit, bevor wir dann im Dunkeln stehen."

KIND 4: „Ja, das ist eine gute Idee. Also dann, bis heute Nachmittag."

So trafen sich die Kinder mit einer Kerze in der Hand am Nachmittag vor dem dunklen Haus am Waldesrand. Voller Erwartung, was sie erleben würden, klopften sie an die Tür. ♫ *Trommel*

Es öffnete ein alter, griesgrämiger Mann, der die Kinder zornig fragte:

MANN: „Was wollt ihr denn hier? Macht, dass ihr wegkommt, und lasst mich in Ruhe!" ♫ *Trommel*

KIND 1: „Wir wollten Sie besuchen und Ihnen ein Licht mitbringen, weil es hier immer so dunkel ist." ♫ *Triangel*

MANN: „Was? Mich wollt ihr besuchen? Zu mir kommt nie jemand. Ich lebe hier schon jahrelang alleine. Keiner kennt mich und mag mich." ♫ *Trommel*

KIND 1: „Dann lassen Sie uns doch hereinkommen. So können wir Sie kennen lernen." ♫ *Triangel*

Der Mann war sehr erstaunt.

MANN: „Ich kann es gar nicht glauben, dass mich jemand besuchen will. Aber kommt doch herein und setzt euch an den Tisch."

Vorsichtig traten die Kinder in den dunklen Raum. Unheimlich sah es hier aus. Aber ihr Licht in der Hand erleuchtete den Raum, und als sie sich an den Tisch setzten, wurde es immer heller. Die Kinder fragten diesen Mann vieles:

KIND 1: „Warum leben Sie hier alleine?"

Kind 2: „Warum ist es bei Ihnen so dunkel?"
Kind 3: „Warum gehen Sie nicht ins Dorf?"
Kind 4: „Warum besucht Sie denn keiner?"
Mann: „Ach wisst ihr, meine Frau ist schon lange gestorben. Kinder hatten wir keine. Nach dem Tod meiner Frau habe ich mich hier zurückgezogen. Ich wollte nichts mehr hören und sehen. Ich wollte nur noch alleine sein. So ging ich nicht mehr vor die Tür. Mein Leben wurde immer dunkler und so auch mein Zuhause." ♫ *Trommel*
Die Kinder munterten den Mann auf. Sie erzählten ihm vom Leben draußen, vom Dorf, von den Menschen im Dorf. ♫ *Triangel*
So verging die Zeit. Die Kinder merkten gar nicht, wie es draußen immer dunkler wurde, weil es im Raum so hell war. Je länger sie mit dem Mann redeten, desto freundlicher und strahlender sah er aus. ♫ *Becken*
Er schien gar nicht mehr so griesgrämig und alt zu sein wie vorher. ♫ *Becken*
Das Licht und der Besuch hatten sein Herz erfreut und erhellt. Wärme und Helligkeit war in sein Leben gekommen. ♫ *Becken*
Spät am Abend verabschiedeten sich die Kinder:
Kind 1: „Wir müssen jetzt nach Hause gehen. Aber wir kommen gerne wieder!"
Kind 2: „Danke für Ihre Gastfreundschaft!"
Kind 3: „Das Licht können Sie behalten. Es soll Ihnen leuchten und Ihr Leben hell machen."
Kind 4: „Auf Wiedersehen und bis bald!"
Mann: „Danke für euren Besuch. Ihr habt mich zu einem glücklichen Menschen gemacht. Ihr habt mein Leben hell gemacht. Vielen Dank. Ihr könnt gerne wieder kommen. Ich freue mich über euren Besuch." ♫ *Becken*
Die Kinder machten sich mit einer großen Freude im Herzen auf den Heimweg. Und obwohl es draußen schon dunkel war, strahlten sie von innen heraus. Sie selbst leuchteten wie ein Licht in der Dunkelheit. Die Freude, die sie diesem Mann gemacht haben, hat auch ihr Herz erfreut und erhellt. Das Licht, das sie dem einsamen Mann geschenkt haben, hat sie selbst strahlend und leuchtend gemacht. ♫ *Becken*

Die 4 Kerzen der Geschichte werden an den Kranz in der Mitte gestellt.

Lied: Adventliche Zeichen, Str. 2 (Nr.1)

Auslegung

▼

In der Geschichte haben wir erlebt, dass die Kinder durch ihre Idee, in das Haus zu gehen, zu Lichtbringern geworden sind. Sie haben das Leben des Mannes hell gemacht. Sie haben einem anderen Freude gemacht und selbst Licht in ihrem Leben erfahren.
Im Lichtertanz wollen wir das Licht in die Dunkelheit tragen und anschließend „lichtvolle" Worte aus der Bibel hören.

Lichtertanz

▼

Die Kinder tanzen mit ihren Lichtern zu meditativer Musik, um die Erzählung nachklingen zu lassen.

Frohe Botschaft

▼

Lied: In den Gedanken und Worten mein (Nr. 14)

Evangelium
Jesus sagt: „Ich bin das Licht der Welt. Wer mir nachfolgt, wird nicht in der Finsternis leben, sondern das Licht des Lebens haben."

Fürbitten

▼

Jesus, du bist das Licht der Welt. Du willst unser Leben froh und hell machen mit deinem Licht. Höre unsere Bitten:
4 Kinder lesen Fürbitten mit Kerzen in der Hand. Die Kerzen werden anschließend an die Strahlen gestellt. Nach jeder Fürbitte singen wir:

Lied: In die Welt tragt ein Licht, entsprechende Str. (Nr. 15)

- Lass dein Licht aufleuchten, und schenke allen Freude, die traurig sind.
- Lass dein Licht aufleuchten, und schenke allen Hoffnung, die verzweifelt sind.
- Lass dein Licht aufleuchten, und schenke allen Liebe, die nur an sich denken.
- Lass dein Licht aufleuchten, und schenke allen Frieden, die im Streit leben.

Vaterunser

▼

Wir beten, wie es uns Jesus gelehrt hat, und verbinden uns mit Gott:
Vater unser im Himmel …

Friedensgruß

▼

Lied: Offen kommen wir zu dir (Nr. 20)

Schlussteil

▼

Schlussgebet
Guter Gott.
Das Licht einer Kerze leuchtet.
Es macht hell und warm.
Es vertreibt die Dunkelheit.
Bald wird Jesus geboren.
Er ist unser Licht.
Er leuchtet uns auf unseren Wegen.
Er macht unser Leben hell und schön.
Amen.

Segen und Verabschiedung
Kinder bekommen eine Kerze mit nach Hause, die sie durch die Adventszeit begleiten soll.

Lied: Ein Kind will zu uns kommen, Str. 1, 2, 5, 6 (Nr. 7)

Der Tannenzapfen – Zeichen der Offenheit

Anlass/Themenkreis
Dritter Advent

Ziel
Die Kinder erfahren den Tannenzapfen als Zeichen der Offenheit und deuten das Symbol auf Jesus

Vorbereitungen
Adventskranz
Geschichte mit Akteuren proben (Armer Mann, vier Hausbewohner, ein Helfer, Kinder mit weißen Tüchern, die Kälte und Schnee darstellen)
In der Mitte liegt das Bild der Gottesdienste „Der Tannenzweig – Zeichen der Hoffnung“ und „Das Licht – Zeichen der Wärme und der Helligkeit“
Eine Tür wird aufgestellt oder symbolisch dargestellt für Geschichte

Weitere Materialien
Bibel
Braunes Tuch, weiße Tücher für Geschichte
Korb mit kleinen Tannenzapfen für Katechese, großer Tannenzapfen, vier Tannenzapfen für Fürbitten und Tannenzapfen für alle Kinder zum Mit-nach-Hause-Nehmen
Orffinstrumente: Trommel, Triangel, Glockenspiel, Xylophon
CD-Player mit Meditationsmusik

Gottesdienstübersicht

Einleitung

Katechese

Geschichte

Evangelium: Jesus sagt: „Ich bin die Tür …“
(Joh 10,9)

Gebet

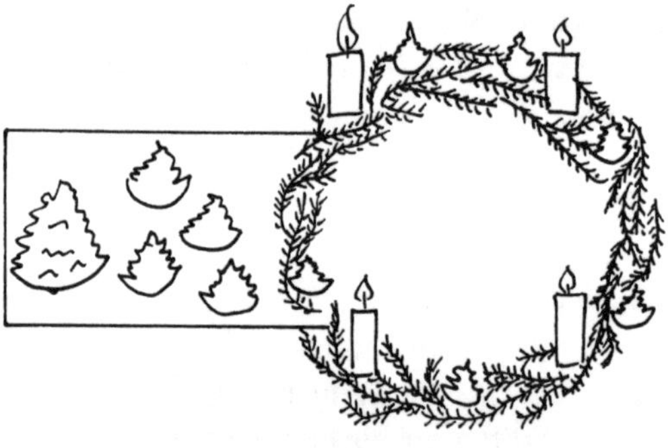

Gottesdienstverlauf

Lied: Schaut, das Licht, Str. 1–3 (Nr. 22)
Während des Liedes werden die ersten drei Kerzen am Adventskranz angezündet und von je einem Kind im Kreis getragen.

▼

Begrüßung und Hinführung

Herzlich willkommen zu unserem Gottesdienst am 3. Adventssonntag. Es ist schön, dass ihr da seid. Gemeinsam wollen wir Jesus, auf dessen Kommen wir warten, entgegengehen. Dabei helfen uns adventliche Zeichen: der Tannenzweig als ein Zeichen der Hoffnung auf neues Leben, das Licht als Zeichen der Wärme und Helligkeit. Alle Zeichen bringen uns näher zu Jesus. Auch heute, in unserer Feier, will uns ein adventliches Zeichen zu Jesus führen.

▼

Kreuzzeichen

Mit Jesu Zeichen beginnen wir diesen Gottesdienst und beten gemeinsam:
Im Namen des Vaters …

Lied: Seht, die gute Zeit ist nah (Liederbuch zum Umhängen I, Nr. 81)

▼

Katechese

Ein Korb, gefüllt mit Tannenzapfen, die mit einem braunen Tuch verdeckt sind, wird in den Kreis gebracht.
In diesem Korb befindet sich das Zeichen, das wir heute erfahren wollen. Jeder von euch darf sich eines herausnehmen und in seiner verschlossenen Hand festhalten.
Jedes Kind nimmt sich unter dem verhüllten Tuch einen Tannenzapfen heraus. Wenn alle Kinder einen Tannenzapfen in den Händen halten, wird das braune Tuch an den Reifen angelegt.
Jetzt, wo wir alle das Zeichen in den Händen haben, es gespürt haben, öffnen wir unsere Hände und schauen es an.
Kinder benennen das Zeichen und beschreiben, was sie sehen und spüren.
Unser heutiges adventliches Zeichen ist der Tannenzapfen. Ihr habt vielleicht zu Hause euren Adventskranz mit Tannenzapfen

geschmückt. Manche hängen die Tannenzapfen auch an den Tannenbaum. Wir wollen unseren Tannenzapfen anschauen und hören, was er uns sagen will:

Ein großer Tannenzapfen wird hochgehalten.
- Draußen im Wald war ich noch geschlossen, so wie eure Hände geschlossen waren. Da war es ganz dunkel in mir. ♫ *Trommel*
- Wenn ich in ein warmes Zimmer komme, dann öffne ich mich, so wie auch ihr eure Hände geöffnet habt. ♫ *Triangel*
- In der Wärme öffnet sich vieles: Knospen, Blüten, Blumen. ♫ *Triangel*
- Wenn wir lieb zueinander sind, dem anderen Wärme und Geborgenheit schenken, dann öffnen wir unsere Herzen, dann sind wir offen zueinander. ♫ *Glockenspiel*

Der Zapfen will uns sagen, dass wir offen sein sollen, dass wir unsere Hände und unser Herz füreinander öffnen und gut zueinander sein sollen. Er sagt uns aber auch, dass wir uns für Jesus, der an Weihnachten kommen will, öffnen sollen, dass auch wir ihn in unser Herz einlassen sollen. Wir wollen jetzt unsere Hände öffnen. Sie sagen, was unser Herz uns sagen möchte:
- Wir sind offen für Jesus und sein Kommen an Weihnachten.

Der große Tannenzapfen wird auf das braune Tuch gelegt.

Lied: Adventliche Zeichen, Str. 3 (Nr. 1)

Kinder schmücken mit ihren Tannenzapfen den Kranz in der Mitte. Dazu: Meditationsmusik

Hinführung zur Geschichte

▼

Der Tannenzapfen ist ein Zeichen der Offenheit. Auch wir sollen füreinander und für Jesus offen sein, damit wir spüren lernen, wie Gott zu uns kommt. In der Geschichte erleben wir, wie wir füreinander offen sein können.

Geschichte

▼

Die Geschichte wird von Kindern oder Erwachsenen gespielt und mit Orffinstrumenten untermalt. Eine Tür steht im Mittelpunkt, die von jedem Hausbewohner benutzt wird. Kinder mit weißen Tüchern stehen im Hintergrund und stellen an entsprechenden Stellen Kälte und Schnee dar.

Draußen ist es kalt. ♫ *Glockenspiel*
Der Wind fegt eisig um die Ecken. ♫ *Glockenspiel*
Ein armer Mann, nur mit Lumpen bekleidet, geht durch die Straßen. ♫ *Xylophon*
Lange hat er nicht geschlafen, lange nichts mehr gegessen, seine Schritte sind schwer. ♫ *Trommel*
Er sucht eine Unterkunft, ein Haus, wo er sich wärmen kann, wo er etwas zu essen bekommt. Er klopft am ersten Haus. Wird die Tür für ihn offen sein? ♫ *Trommel*
MANN: „Hallo, macht mir bitte auf. Hallo, öffnet mir die Tür."
BEWOHNER 1: „Was willst denn du?"
MANN: „Ich habe Hunger und Durst. Hast du etwas für mich?"
BEWOHNER 1: „Ich habe gerade den Tisch abgeräumt. Ich kann dir nichts geben. Geh weiter!" ♫ *Trommel*
Die Tür war zu. Der Hausbewohner kümmert sich nicht um ihn. Er ist verschlossen, wie die Tür.

Lied: Öffnet eure Hände, Str. „Öffnet eure Türen" (Nr. 19)

Der Mann geht weiter. Er klopft an die Tür des nächsten Hauses. ♫ *Trommel*
MANN: „Hallo, macht mir bitte auf. Hallo, öffnet mir die Tür."
BEWOHNER 2: „Was willst du?"
MANN: „Ich friere, darf ich mich bei dir aufwärmen?"
BEWOHNER 2: „Das fehlt mir gerade noch. Ich erwarte Besuch, alles ist für den Empfang gerichtet. Für dich habe ich keinen Platz. Geh weiter." ♫ *Trommel*
Auch hier war die Tür zu. Der Hausbewohner kümmert sich nicht um ihn. Er ist verschlossen.

Lied: Öffnet eure Hände, Str. „Öffnet eure Türen" (Nr. 19)

Der arme Mann geht weiter zum nächsten Haus. Er friert, ist müde, ist hungrig. Darum klopft er an die nächste Tür und ruft. ♫ *Trommel*
MANN: „Hallo, ich brauche Hilfe. Ich habe Hunger und Durst, ich friere. Ich bin krank und müde."
BEWOHNER 3: „Geh, du störst mich, belästige mich nicht. Geh ins Krankenhaus. Du steckst mich nur an. Ich kann dir nicht helfen." ♫ *Trommel*

Die Tür war wieder verschlossen. Der Hausbewohner kümmert sich nicht um ihn. Er ist verschlossen.

Lied: Öffnet eure Hände, Str. „Öffnet eure Türen“ (Nr. 19)

Der arme Mann geht weiter. Er versucht es an der nächsten Tür.
♫ *Trommel*

MANN: „Hallo! Hört mich an! Lasst mich bitte bei euch ins Haus.

BEWOHNER 4: „Geh doch nach Hause. Hier wohne ich. Hier kannst du nicht sein. Meine Tür ist zu!“ ♫ *Trommel*

Der arme Mann weiß nicht, was er machen soll. Er weiß nicht mehr weiter. Alle Türen und alle Menschen sind verschlossen. Alle weisen ihn ab.

MANN: „Sind für mich alle Türen zu? Sind alle Menschen verschlossen? Ist kein Mensch zu finden, der offen ist, der mich hereinlässt?“

Lied: Öffnet eure Hände, Str. „Öffnet eure Türen“ (Nr. 19)

Da kommt jemand auf ihn zu, einer der auch draußen ist.
♫ *Xylophon*

HELFER: „Warum bist du bei dieser Kälte nicht zu Hause? Du siehst krank und müde aus. Du zitterst ja!“

MANN: „Ja, es ist sehr kalt! In einer Welt, in der Menschen und Türen verschlossen sind, ist es bitterkalt.“

HELFER: „Wo wohnst du?“

MANN: „Ich habe kein Zuhause! Für mich gibt es keine offene Tür. Niemand lässt mich zu sich herein. Niemand macht mir eine Tür auf!“ ♫ *Trommel*

HELFER: „Komm! Ich habe für dich eine offene Tür. Bei mir darfst du dich ausruhen und aufwärmen. Bei mir darfst du essen, trinken und gesund werden. Bei mir darfst du zu Hause sein.“
♫ *Triangel*

Lied: Öffnet eure Hände, Str. „Öffnet eure Türen“ (Nr. 19)

MANN: „Warum öffnest du mir deine Tür?“

HELFER: „Weil ich bei dieser Kälte keinen Menschen draußen lassen kann! Gott hat uns Menschen eine Tür aufgetan, bei ihm finden wir immer eine offene Tür, darum möchte auch ich offen sein für alle, die in Not sind. Ich will offen sein für andere Menschen, weil auch ich Zugang zu anderen Menschen suche."

♫ *Triangel*

MANN: „Eine Tür, die sich öffnet, schenkt Mut, Hoffnung und neues Leben. Eine Tür, die sich öffnet, schenkt Gemeinschaft, Frieden und Freude." ♫ *Glockenspiel*

Lied: Adventliche Zeichen, Str. 3 (Nr. 1)

Auslegung

▼

Auch an Weihnachten öffnet sich eine Tür. Jesus befreit uns aus der Verschlossenheit. Er schenkt uns neues Leben. Er schenkt uns Freude, Friede, Hoffnung und Gemeinschaft. In der Bibel hören wir, was Jesus zu seinen Freunden sagt.

Frohe Botschaft

▼

Lied: In den Gedanken und Worten mein (Nr. 14)

Evangelium

Jesus sagt: „Ich bin die Tür; wer durch mich hineingeht, wird gerettet werden; er wird ein- und ausgehen und Weide finden."

Fürbitten

▼

Lieber Gott, du willst für uns an Weihnachten den Himmel aufschließen. Mach, dass auch wir offen sind für Jesus und für unsere Mitmenschen, darum bitten wir:

Vier Kinder lesen Fürbitten mit Tannenzapfen in der Hand. Die Tannenzapfen werden anschließend um den großen Tannenzapfen gelegt. Nach jeder Fürbitte singen wir:

Lied: Öffnet eure Hände, entsprechende Str. (Nr. 19)

- Herr, öffne unsere Augen, damit wir sehen, wo Menschen uns brauchen und wo wir Zeit füreinander haben sollen.
- Herr, öffne unsere Hände, damit wir dort fest anpacken, wo unsere Hilfe gebraucht wird.
- Herr, öffne unsere Ohren, damit wir unseren Mitmenschen wieder richtig zuhören können, wenn sie uns etwas sagen wollen.
- Herr, öffne unser Herz für das Kommen deines Sohnes. Hilf uns, dass wir ihn ganz in uns aufnehmen.

Vaterunser

▼

Wir wollen nun aufstehen, uns aufmachen mit Ohren und Händen, Augen und Herz, und so das Gebet sprechen, das uns Jesus selbst gelehrt hat: Vater unser im Himmel ...

Friedensgruß

▼

Lied: Offen kommen wir zu dir (Nr. 20)

Schlussteil

▼

Schlussgebet

Bald feiern wir das Geburtstagsfest von Jesus.
Mach uns offen und bereit für sein Kommen.
Öffne unsere Augen.
Öffne unsere Ohren.
Öffne unsere Hände.
Öffne unser Herz.
Dann kann Jesus bei uns ankommen.
Dann können wir Jesus in unser Herz einlassen.
Amen.

Segen und Verabschiedung

Kinder bekommen einen Tannenzapfen mit nach Hause, der sie durch die Adventszeit begleiten soll.

Lied: Ein Kind will zu uns kommen, Str. 1–4 (Nr. 7)

Der Stern – Zeichen des Wegweisers

Anlass/Themenkreis	Vierter Advent
Ziel	Die Kinder erfahren den Stern als Zeichen des Wegweisers und deuten ihn auf Jesus
Vorbereitungen	Adventskranz Stern mit Laternenstab basteln für Geschichte Ohren basteln für Tiere in Geschichte Geschichte mit Akteuren proben (Hirtenjunge, fünf Schafe, ein Hund, 3 Hirten, „Schneekinder“ und „Stallkinder“) In der Mitte liegt das Bild der Gottesdienste „Der Tannenzweig – Zeichen der Hoffnung“, „Das Licht – Zeichen der Wärme und der Helligkeit“, „Der Tannenzapfen – Zeichen der Offenheit“
Weitere Materialien	Bibel Schwarzes Tuch, zwei gelbe Tücher für Stern, weiße Tücher für „Schneekinder“, gelbe Tücher für „Stallkinder“ Korb mit kleinen Strohsternen für Katechese, 4 Sterne für Fürbitten, Sterne für alle Kinder zum Mit-nach-Hause-Nehmen Kleidung für Spielkinder (Mäntel, Hüte und Stöcke für Hirten, Lampe für Hirtenjunge, Ohren für Schafe und Hund)

Kerze für Geschichte
Orffinstrumente: Trommel, Triangel, Glockenspiel, Becken, Rassel, Xylophon, Flöte
CD-Player mit Meditationsmusik

Gottesdienstübersicht

Einleitung

Katechese

Geschichte

Evangelium: „Jesus sagt: Ich bin der Weg …“
(Joh 14,6)

Gebet

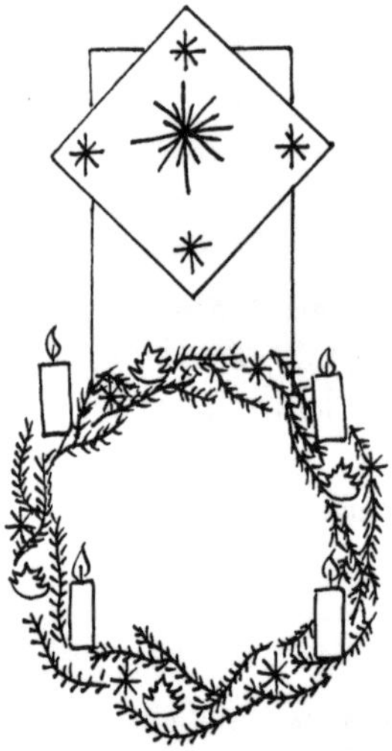

Gottesdienstverlauf

Lied: Schaut, das Licht, Str. 1–4 (Nr. 22)
Während des Liedes werden die vier Kerzen am Adventskranz angezündet und von je einem Kind im Kreis getragen.

Begrüßung und Hinführung

▼

Ich begrüße euch alle ganz herzlich zum letzten Gottesdienst in der Adventszeit. Das Weihnachtsfest ist jetzt schon ganz nahe. Bald feiern wir den Geburtstag von Jesus. Verschiedene adventliche Zeichen erzählen uns von ihm und führen uns dem Fest entgegen. Im ersten Gottesdienst hat uns der Tannenzweig Hoffnung auf ein neues Leben gemacht. Im zweiten Gottesdienst haben wir Wärme und Helligkeit durch das Licht spüren dürfen. Im dritten Gottesdienst haben wir uns wie der Tannenzapfen geöffnet. Lassen wir uns auch heute wieder von einem Zeichen zur Krippe, zu Jesus führen.

Kreuzzeichen

▼

So beginnen wir diesen Gottesdienst ganz bewusst im Namen dessen, der an Weihnachten zu uns kommen will, und beten gemeinsam:
Im Namen des Vaters …

Lied: Seht, die gute Zeit ist nah (Liederbuch zum Umhängen I, Nr. 81)

Katechese

▼

Ein schwarzes Tuch wird von einem Kind im Kreis getragen und dann hochgehalten:
Dazu: ♫ Trommel
Manchmal tappen wir im Dunkeln, wir verlieren die Spur. Wir haben keine Orientierung mehr. Wir wissen nicht mehr, wie es weitergehen soll. Wir sehen nicht den rechten Weg. Um uns ist es dunkel.
Schwarzes Tuch wird an den Kranz angelegt.

Zwei gelbe Tücher werden von Kindern im Kreis getragen und dann an das schwarze Tuch so übereinander angelegt, dass ein Stern entsteht.

Dazu: ♫ Triangel
Die Kinder werden angeleitet, auszusprechen, woran sie denken.
Ein mit Strohsternen gefüllter Korb wird herumgereicht. Jedes Kind darf sich einen Stern herausnehmen. Dazu: Meditationsmusik
Die Kinder halten die Sterne in ihren Händen.
Wir schauen unseren Stern genau an, lassen ihn am Faden baumeln.
Wir hören, was der Stern uns sagen möchte, und spielen dazu:

Die Kinder machen zum Text die angegebenen Gesten.
In der Nacht sehen wir am Himmel tausende von Sternen. Sie leuchten hell. Kleine und große Sterne gibt es. Jeder Stern ist einzigartig und wertvoll. Die Sterne ziehen am Himmel ihre Bahn. Sie leuchten und verteilen ihre Strahlen.
Kinder sitzen in der Hocke, stehen langsam auf und halten ihre Sterne am Faden hoch. – Dazu ♫ Triangel
Manchmal verdecken auch dunkle Wolken die Sterne. Dann sieht man sie nicht mehr.
Kinder gehen in die Hocke und halten ihre Hände vors Gesicht. Dazu: ♫ Trommel
Wenn der Wind die Wolken fortbläst, werden sie wieder sichtbar.
Kinder stehen wieder langsam auf. Dazu: ♫ Glockenspiel
Sie sind immer da. Sie ziehen ihre Bahn. *Kinder drehen sich im Kreis. Dazu: ♫ Glockenspiel*
In einer Nacht erscheint am Himmel ein ganz besonderer Stern, ein großer leuchtender Stern. Er sieht anders aus als alle anderen Sterne. Wie eine Blume, wie eine Sonne leuchtet er auf.
Alle Kinder halten sich an den Händen und bewegen sich etwas hin und her. Dazu: ♫ Becken
Dieser Stern sagt uns: „Jesus, du bist der helle Stern, der strahlend aufgeht über unserer dunklen Welt. Du zeigst uns den Weg, du leuchtest uns und schenkst uns Hoffnung und Freude."

Lied: Adventliche Zeichen, Str. 4 (Nr. 1)

Die Kinder legen ihre Sterne um den Kranz. Dazu: Meditationsmusik

Hinführung zur Geschichte

▼

Der Stern zeigt uns den Weg. Er ist ein Zeichen, ein Wegweiser. Er führt uns zu Jesus, zur Krippe. Er leuchtet uns. In unserer Geschichte erleben wir den Stern als Wegweiser.

Geschichte

▼

Die Geschichte wird mit den angegebenen Rollen gespielt und mit Orffinstrumenten untermalt. Ein Kind trägt einen Stern an einem Laternenstab und läuft vor dem Jungen her. Andere Kinder spielen mit weißen Tüchern den Schneesturm. Wieder andere Kinder stellen mit gelben Tüchern den Stall dar. Drei Hirten sitzen bereits im Hintergrund um eine Kerze im „Stall".

Es war einmal ein kleiner Hirtenjunge. Ihm gehörten fünf Schafe und ein Hund.
Der Junge liebte seine Tiere über alles. Täglich ging er mit ihnen nach draußen. ♫ *Xylophon*
Als er sich wieder einmal auf den Weg zur Weide gemacht hatte, fing es zu schneien an. ♫ *Rassel*
Dicke Flocken fielen vom Himmel und bedeckten die ganze Erde. ♫ *Rassel*
Der Junge verlor die Orientierung. ♫ *Trommel*
Er wusste nicht mehr, wo er war. Er hatte sich verlaufen. ♫ *Trommel*
Er fror und zitterte vor Kälte. ♫ *Rassel*
JUNGE: „Hilfe, hört mich jemand? Ich hab mich verlaufen. Ich finde den Weg nicht mehr."
Doch keiner hörte den Jungen. Er setzte sich vor lauter Schwäche in den Schnee. Was sollte er nur tun? Wie sollte er jemals den Weg wieder finden? ♫ *Trommel*
Die Schafe und der Hund wärmten ihn ein wenig mit ihrem Fell. Sie kuschelten sich an den Hirtenjungen. ♫ *Glockenspiel*
Auf einmal begannen die Schafe laut zu mähen. Der Hund bellte. Die Tiere waren erschrocken, denn es wurde ganz hell am Himmel. ♫ *Becken*
Ein großer Stern leuchtete am dunklen Himmel. ♫ *Becken*
Der Junge schreckte auf. Er schaute auf und sah den Stern. ♫ *Becken*

JUNGE: „Was ist das für ein Stern? Was hat er zu bedeuten? Er leuchtet so hell, viel heller als all die anderen Sterne."

Die Schafe und der Hund spürten, dass sie dem Stern folgen mussten. So machten sie sich auf und folgten dem Stern. Da stand auch der Junge auf, nahm seine Hirtenlampe und lief mit den Schafen und dem Hund dem Stern hinterher. ♫ *Xylophon*

Die Kälte kroch dem Jungen unter die Kleider. ♫ *Rassel*

Aber er gab nicht auf. Er folgte zusammen mit seinen Tieren dem hellen Stern. ♫ *Xylophon*

Nach langer Zeit sah er in der Ferne ein helles Licht. ♫ *Triangel*

Der Stern blieb am Himmel stehen. ♫ *Becken*

JUNGE: „Was ist das für ein Licht? Ist es ein Haus? Ich will hingehen und schauen."

Als sie näher kamen, sah der Junge einen Stall. Er stand mitten auf einem Feld. Durch das kleine Fenster drang das Licht aus dem Innern nach draußen. ♫ *Triangel*

Der Junge öffnete vorsichtig die Tür. Da sah er viele Hirten, die um ein Licht versammelt waren.

HIRTE 1: „Komm herein zu uns."

HIRTE 2: „Wärm dich auf. Das Licht hier schenkt Wärme."

HIRTE 3: „Das Licht macht hell."

Der Junge wusste:

JUNGE: „Ich bin gerettet."

Er kniete neben den Hirten vor dem Licht nieder und wärmte sich.
♫ *Flötenspiel*

Am anderen Morgen ging er mit seinen Schafen und seinem Hund und mit den anderen Hirten wieder zurück. Der Schneesturm hatte sich gelegt und so fanden sie den Weg wieder nach Hause.
♫ *Xylophon*

Der Stern wird auf die gelben Tücher gelegt.

Lied: Adventliche Zeichen, Str. 4 (Nr. 1)

Auslegung ▼

Der Stern hat dem Jungen und seinen Tieren das Leben gerettet. Er hat ihnen den Weg zum Stall gezeigt. Er hat ihnen den Weg zum Licht gezeigt. An Weihnachten hören wir in der Weihnachtsgeschichte, wie die Hirten dem Stern folgen und so Jesus finden.

Auch die Heiligen Drei Könige sind dem Stern gefolgt und haben so den Weg zur Krippe, den Weg zu Jesus gefunden. Jesus selbst ist der Stern, der uns den Weg zeigt in dunkler Nacht. Ihm dürfen wir folgen. Auf ihn dürfen wir vertrauen.
Hören wir nun hoffnungsvolle Worte aus der Bibel:

Frohe Botschaft

▼

Lied: In den Gedanken und Worten mein (Nr. 14)

Evangelium
Jesus sagt: „Ich bin der Weg, die Wahrheit und das Leben. Niemand kommt zum Vater außer durch mich."

Fürbitten

▼

Jesus, du bist der helle Stern, der strahlend aufgeht über unserer dunklen Welt. Du zeigst uns den rechten Weg. Höre unsere Bitten:
Vier Kinder lesen Fürbitten mit Sternen in der Hand. Die Sterne werden anschließend um den großen Stern gelegt. Nach jeder Fürbitte singen wir:

Lied: Geh mit uns auf unserm Weg, Refrain (Tr 724)

- Jesus, du Stern, zeige uns den Weg zur Liebe, wenn wir nur an uns selbst denken.
- Jesus, du Stern, zeige uns den Weg zum Frieden, wenn wir miteinander streiten.
- Jesus, du Stern, zeige uns den Weg zur Hoffnung, wenn wir denken, es geht nicht mehr weiter.
- Jesus, du Stern, zeige uns den Weg zum Glauben, wenn wir zweifeln und nicht glauben können.

Vaterunser

▼

Wir beten, wie es uns Jesus selbst gelehrt hat:
Vater unser im Himmel ...

Friedensgruß

▼

Lied: Offen kommen wir zu dir (Nr. 20)

Schlussteil

▼

Schlussgebet

An Weihnachten wird Jesus als heller Stern über uns aufgehen.
Sein Licht schenkt Hoffnung.
Sein Licht schenkt Freude.
Sein Licht zeigt uns den rechten Weg.
Lass auch uns zu hellen Sternen werden.
Lass auch uns Licht und Freude schenken.
Amen.

Segen und Verabschiedung

Kinder bekommen einen Strohstern mit nach Hause, der sie durch die Adventszeit begleiten soll.

Lied: Ein Kind will zu uns kommen, Str. 2, 5, 6, 7 (Nr. 7)

Jesus kommt in unser Leben und schenkt uns Hoffnung, Offenheit, Licht und Orientierung

Anlass/Themenkreis	Heiliger Abend, Kinderchristmette
Ziel	Die Kinder sollen erfahren, dass Jesu Geburt auch unser Leben verändern kann
Vorbereitungen	Ohren basteln für Kinder, die Schafe spielen Geschichte mit Akteuren proben (David, Jakob, alter Mann, Frau, Mann, Maria, Josef) In der Mitte liegt ein Reifen mit einem gelben Tuch und mit Stroh ausgefüllt Der Reifen ist geschmückt mit Tannenzweigen, Tannenzapfen, Sternen und vier Kerzen Am Reifen liegen 4 braune Tücher in Kreuzform Keyboard(er) für mystische Hintergrundmusik (Als Ersatz auch Orffinstrumente möglich)
Weitere Materialien	Bibel Tannenzweig, Kerze, großer Tannenzapfen, Stern (für Hinführung und ein weiteres Mal für Geschichte u. Korb) Kleidung für Spiel (zwei Hirten, Maria und Josef) Jesuskind Lichter für Prozession; Kerzen für Tanzkinder Keyboard oder Orffinstrumente: Rassel, Triangel, Glockenspiel,

Trommel, Xylophon, Becken
CD-Player mit Lied „Mitten in der Nacht“ aus der CD „Dezemberträume“ von Rolf Zuckowski

Gottesdienstübersicht

Hinführung

Geschichte

Evangelium: Die Geburt Jesu (Lk 2,1–19)

Lichterprozession

Fortsetzung der Geschichte

Tanz

Anbetung des Jesuskindes

Gebet

Gottesdienstverlauf

Hinführung und Begrüßung

▼

Der/die GottesdienstleiterIn und die Ministrantinnen und Ministranten ziehen in die dunkle Kirche ein. Dazu: Musik

Nach dem Einzug wird die Kirche etwas erhellt, so dass die Gemeinde singen kann.

Lied: Macht hoch die Tür (GL 107)

Begrüßung und Kreuzzeichen

▼

Wir sind heute hier zusammengekommen, um einen ganz besonderen Geburtstag zu feiern. Den Geburtstag von Jesus. Er will heute zu uns kommen in dieser Feier. Öffnen wir unsere Herzen, damit wir Jesus einlassen können, damit er bei uns ankommen kann, damit er in uns wohnen kann. In Gottes Namen beginnen wir diese Feier und beten gemeinsam:
Im Namen des Vaters ...

Hinführung

▼

In den vier Adventsgottesdiensten haben wir über die Bedeutung verschiedener Zeichen nachgedacht, adventliche Zeichen, die wir in dieser Zeit in unsere Häuser holen, die für uns oft nur ein schöner Schmuck sind, deren Aussage und Bedeutung verloren gegangen ist. Der Tannenzweig, das Kerzenlicht, der Zapfen und der Stern, all diese Zeichen weisen uns auf Jesus hin, der heute kommen will.
Hören wir, was uns die adventlichen Zeichen zu Jesus sagen wollen:

Vier Kinder tragen zu meditativer Musik der Reihe nach die Zeichen nach vorne, während sie gedeutet werden.
Die Kinder halten das jeweilige Zeichen hoch, solange das Lied gesungen wird. Anschließend legen sie das Zeichen auf die vier Wege des Bildes.

Der Tannenzweig

Der Tannenzweig ist ein Zeichen der Hoffnung. Der Zweig sagt zu uns: Jetzt, wo es draußen dunkel, kalt und leblos ist, da werde ich in die Häuser geholt. Ich bin grün. Ich lebe. Habt Hoffnung. Die Erde wird wieder neu. Alles wird wieder leben. Auch ihr werdet neu. Jesus wird geboren. Er lässt uns nicht im Dunkeln. Er nimmt unsere Angst. Er meint es gut mit uns. Er schenkt uns Hoffnung.

Lied: Adventliche Zeichen, Str. 1 (Nr. 1)

Das Kerzenlicht

Das Kerzenlicht ist ein Zeichen der Helligkeit und der Wärme. Das Kerzenlicht sagt zu uns: Jetzt, in der Winterzeit, wo es draußen kalt, nass und dunkel ist, da stehe ich in vielen Häusern und leuchte. Ich verbreite Licht und Wärme. Ich vertreibe die Dunkelheit. Auch Jesus macht unser Leben hell. Er vertreibt unsere Dunkelheit. Er ist das Licht der Welt.

Lied: Adventliche Zeichen, Str. 2 (Nr. 1)

Der Tannenzapfen

Der Tannenzapfen ist ein Zeichen der Offenheit. Der Tannenzapfen sagt zu uns: Draußen im Wald, da war ich noch geschlossen. Wenn ich aber ins Zimmer komme, wo es warm ist, dann öffne ich mich. Auch wir sollen offen sein, indem wir gut zueinander sind. Wir sollen aber auch offen sein für Jesus, der zu uns kommen will. Öffnen wir unsere Herzen für ihn, der auch offen ist für alle Menschen.

Lied: Adventliche Zeichen, Str. 3 (Nr. 1)

Der Stern

Der Stern ist ein Zeichen für einen Wegweiser. Der Stern sagt zu uns: Jeden Abend leuchte ich mit vielen anderen Sternen am Himmel. Wir Sterne ziehen unsere Bahn. Wir leuchten und verteilen unsere Strahlen. In einer Nacht erscheint am Himmel ein ganz großer Stern. Er sagt zu uns: Jesus, du bist der helle Stern, der strahlend aufgeht über unserer dunklen Welt. Du zeigst uns den Weg, du leuchtest uns, du bist uns Wegweiser.

Lied: Adventliche Zeichen, Str. 4 (Nr. 1)

Gebet

▼

Guter Gott.
Mach uns jetzt offen und bereit für das Kommen deines Sohnes.
Mache uns offen, damit wir ihn, den Boten der Liebe und Güte, in unser Leben einlassen.
Lass diese Nacht zu einer heiligen Nacht für unser Leben werden.

Lied: Nun freut euch, ihr Christen, Str. 1 (GL 143)

Geschichte

▼

Die Geschichte wird von Erwachsenen oder Kindern gespielt und mit Orffinstrumenten oder mystischer Musik untermalt.
Die Personen sitzen im Kirchenraum verteilt. Bei jeder Begegnung steht die entsprechende Person auf.

Der Hirte tritt in die Mitte.
Vor ganz langer Zeit, vor mehr als 2000 Jahren, lebte ein Hirte in Israel. David war sein Name. Seine Aufgabe war es, die Schafe auf die Weide zu führen und auf sie aufzupassen. ♫ *Rassel*
Gerne hütete er die Schafe. Besonders um die kleinen, süßen Schafe kümmerte er sich gern. ♫ *Rassel*
Eines Tages bekam er von seinem Herrn Jakob ein ganz besonderes Schaf anvertraut. Es war das jüngste, kleinste und schönste Schaf in der Herde.
Jakob: „Dir vertraue ich unser kleinstes Lamm an. Hüte es gut."
♫ *Triangel*
David: „Ja, ich verspreche dir, dass ich gut auf es aufpasse."
David freute sich und ließ das Schaf nicht aus den Augen. Er trieb die Herde auf die Weide und sorgte sich um jedes einzelne Tier, besonders aber um das kleine Schaf. ♫ *Rassel*
Eines Tages, es war kurz vor der Abenddämmerung, setzte sich David unter einen Baum und schloss müde die Augen. Das kleine Lamm kuschelte sich fest an ihn. Er schaute in den Himmel und begann zu träumen. ♫ *Glockenspiel*
Sein Traum fesselte ihn so sehr, dass er lange nicht aufwachte. Als er die Augen öffnete, stand Jakob vor ihm und schaute ihn ernst an. ♫ *Trommel*
Jakob: „Wo ist das kleine Lamm, das ich dir besonders anvertraut habe?" ♫ *Trommel*

David erschrak. Er sprang hoch. Gerade war sein Lamm noch da gewesen. Er rief nach ihm, er lockte es. Er suchte es überall. Vergeblich. ♬ *Trommel*

Traurig ging er neben Jakob her, als sie die Schafe heimtrieben.
♬ *Xylophon*

DAVID: „Wo ist das Lamm? Ist ihm etwas zugestoßen?"

JAKOB: „Du hast nicht aufgepasst. Weil du geschlafen hast, ist es weggelaufen. Du musst es suchen. Ich gebe dir etwas mit auf den Weg, das dir helfen wird." ♬ *Triangel*

Jakob holte einen Korb mit vier Zeichen darin: ein Tannenzweig, ein Tannenzapfen, ein Stern und ein Kerzenlicht.
♬ *Triangel*

Er hatte David schon oft von diesen Zeichen erzählt. Sie werden dem helfen, der in Not ist, sagte er oft. ♬ *Triangel*

Nun gab Jakob den Korb an David weiter und sagte:

JAKOB: „Sorge dich um die vier Zeichen, dann werden sie dir helfen, dein Lamm wieder zu finden." ♬ *Triangel*

Zuversichtlich machte sich David auf den Weg, das Lamm zu suchen. ♬ *Xylophon*

Er ging durch die Nacht und er ging durch den Tag, über Hügel und Felder, aber das Lamm war nirgends zu sehen. Er konnte es nicht finden. Es wurde schon wieder dunkel. ♬ *Trommel*

DAVID: „Soll ich überhaupt noch weiter suchen? Es ist doch eh alles sinnlos! Ich finde mein Lamm nie wieder." ♬ *Trommel*

Er gab die Hoffnung beinahe auf. Da sah er einen alten Mann daherkommen.

DAVID: „Hallo, hast du mein Lamm gesehen?"

ALTER MANN: „Ja, vor kurzem ist ein Lamm an mir vorbeigelaufen, in diese Richtung."

DAVID: „Dankeschön für deine Auskunft. Kann ich auch etwas für dich tun?"

ALTER MANN: „Mir kann keiner helfen. Ich bin alt und krank. Mein Leben ist hoffnungslos geworden. Ich möchte am liebsten gar nicht mehr leben. Es hat doch alles keinen Sinn!"
♬ *Trommel*

DAVID: „Hier, nimm diesen Tannenzweig. Er ist ein Zeichen des Lebens und der Hoffnung. Er weist auf Jesus hin, der bald geboren wird. Jesus schenkt dir Hoffnung. Er macht dein Leben hell und froh. Er meint es gut mit dir." ♫ *Becken*

ALTER MANN: „Danke für dieses Zeichen und deine Worte. Auch du hast mir wieder Hoffnung geschenkt." ♫ *Triangel*

David lief weiter, um sein Lamm zu suchen. ♫ *Xylophon*

Nirgends war es zu sehen. Er wurde immer enttäuschter. Sein Herz verschloss sich. Er glaubte nicht mehr daran, sein Lamm zu finden. ♫ *Trommel*

Da sah er in der Ferne eine Frau.

DAVID: „Hallo, hast du mein Lamm gesehen?"

FRAU: „Ja, vor kurzem ist es hier vorbei gelaufen. In diese Richtung."

DAVID: „Dankeschön für deine Auskunft. Kann ich auch etwas für dich tun?"

FRAU: „Mir kann keiner helfen. Ich bin einsam und allein. Ich werde von anderen ausgestoßen und abgelehnt, weil ich anders bin als alle anderen, weil ich eine Fremde bin. Keiner hat ein offenes Herz für mich. Keiner hört mir zu, wenn ich reden will. Alle verschließen sich vor mir." ♫ *Trommel*

DAVID: „Hier, nimm diesen Tannenzapfen. Er ist ein Zeichen der Offenheit. Er weist auf Jesus hin, der bald geboren wird. Jesus ist offen für alle Menschen. Er liebt alle Menschen gleich. Er lehnt keinen ab. Er hat ein offenes Herz. Bald wirst du nicht mehr alleine sein." ♫ *Becken*

FRAU: „Danke für dieses Zeichen und für deine Worte. Auch du warst offen für mich. Du hast mit mir geredet. Das tut gut. Dankeschön." ♫ *Triangel*

David lief weiter, um sein Lamm zu suchen. ♫ *Xylophon*

Aber er fand es nicht. Er hatte plötzlich keine Orientierung mehr. Er hatte sich verlaufen. Er war vom Weg abgekommen. Ob er jemals sein Lamm finden würde? ♫ *Trommel*

Da sah er in der Ferne einen jungen Mann.

DAVID: „Hast du mein Lamm gesehen?"

MANN: „Ja, vor kurzem ist es an mir vorbeigelaufen. In diese Richtung."

David: „Danke für deine Auskunft. Kann ich auch etwas für dich tun?"

MANN: „Mir kann keiner helfen. Ich habe keine Zukunft, kein Ziel vor Augen. Ich habe in meinem jungen Leben schon viele Schicksalsschläge hinter mir. Ich weiß nicht, wie es weitergehen soll. Meine Frau ist so krank, und ich habe zu Hause kleine Kinder und bin selbst arbeitslos. Ich habe die Orientierung verloren." ♫ *Trommel*

DAVID: „Hier, nimm diesen Stern. Er wird dir den Weg weisen. Er wird dich auf deinem Weg begleiten. Er weist auf Jesus hin, der bald geboren wird. Er ist der helle Stern. Er geht auf über unserer dunklen Welt. Er zeigt dir den Weg. Er leuchtet dir. Lass dich von ihm führen. Dann geht es dir besser." ♫ *Becken*

MANN: „Danke für dieses Zeichen und für deine Worte. Du hast mir wieder Mut gemacht, mein Schicksal anzunehmen und mich auf den Weg zu machen, mich nicht aufzugeben, auch wenn es schwer fällt. Dankeschön." ♫ *Triangel*

David machte sich wieder auf den Weg, um sein Lamm zu suchen.
♫ *Xylophon*

Er hatte nur noch ein kleines Kerzenlicht in seinem Korb. David war müde. Er setzte sich draußen vor der Stadt an einen Wegrand. Da schaute er wieder in den Himmel und fing zu träumen an.
♫ *Glockenspiel*

Die spielenden Personen setzen sich nieder.

▼

Lied: In den Gedanken und Worten mein (Nr. 14)

Evangelium

Kinder als Maria und Josef stehen bereits im Mittelgang der Kirche.

Zwei MinistrantInnen ziehen mit Kerzen neben der GottesdienstleiterIn zunächst zum Altar, um die Bibel zu holen, und dann zum Ambo zur Verkündigung des Evangeliums:

In jener Zeit erlässt Kaiser Augustus einen Befehl. Er schickt Boten nach Nazareth. Alle Menschen sollen in ihre Heimatstadt gehen und sich dort in große Listen einschreiben lassen. Der Kaiser will wissen, wie viele Menschen in seinem Reich wohnen.

So macht sich auch Josef aus Nazareth mit Maria auf den Weg

nach Bethlehem, in die Stadt Davids. ♬ *Xylophon oder Musikuntermalung*

Maria und Josef gehen langsam im Mittelgang nach vorne.

Dort will er sich mit Maria eintragen lassen. Maria aber erwartet ein Kind.

Als sie nach Bethlehem kommen, suchen sie ein Haus, wo sie bleiben können. ♬ *Glockenspiel oder Musikuntermalung*

Maria und Josef bleiben im vorderen Drittel der Kirche stehen.

Aber die Türen bleiben verschlossen. Es ist kein Platz für sie. Die Häuser bleiben dunkel. ♬ *Trommel oder Musikuntermalung*

Da gehen sie hinaus vor die Stadt Bethlehem und finden einen Stall. Dort bleiben sie.

Maria und Josef stellen sich hinter die Krippe.

Diese Nacht ist eine besondere Nacht, es ist die Heilige Nacht. In dieser Nacht bringt Maria ein Kind zur Welt – Jesus Christus, unseren Heiland. ♬ *Becken oder Musikuntermalung*

Maria wickelt das Kind aus ihrem Rock und hält es hoch, dass jeder es sehen kann, dann hält sie es in ihren Armen.

▼ **Lichterprozession**

Die Kirche wird verdunkelt. Nur die Kerzen am Christbaum leuchten. Zum folgenden Lied ziehen Maria und Josef begleitet von Kindern mit Lichtern durch die Kirche. Anschließend legt Maria das Kind in die Mitte. Maria und Josef setzen sich daneben. Die Kerzen der Prozession werden um das Mittelbild gestellt.

Lied: Stille Nacht (Tr 484)

Die Kirche wird wieder etwas erhellt.

▼ **Fortsetzung der Geschichte**

David wachte auf.

DAVID: „Einen wunderbaren Traum habe ich geträumt. Was hat er zu bedeuten?"

David schaute sich um. Er entdeckte in der Ferne ein wundersames Licht. ♬ *Becken*

Er ging auf das Licht zu, und als er nahe herangekommen war, sah er, dass das Licht aus einem Stall leuchtete. ♬ *Becken*

Zögernd trat er in den Stall ein. David konnte kaum etwas erken-

nen. Er blieb stehen. Im Halbdunkel erkannte er sein verlorenes Lamm. ♫ *Rassel*
MARIA: „Komm näher!"
David konnte nicht antworten, er war sprachlos. Dann sah er das Kind. Es lag auf Stroh, ganz dicht bei seinem Lamm. David kniete nieder und schenkte dem Kind sein letztes Zeichen. Das Licht.
♫ *Becken*
Nur noch schwach glühte die Flamme und doch, seltsam: Wie von unsichtbarer Hand entzündet, flammte das Licht auf. Sein Leuchten breitete sich aus und erfüllte den ärmlichen Raum mit festlichem Glanz. ♫ *Becken*
Am Himmel strahlten die Sterne heller und heller, und der frohe Gesang der Engel drang weit über die Felder der Hirten, sodass ihn alle hören konnten.

Lichtertanz

▼

Die Kirche wird verdunkelt. Zum Lied „Mitten in der Nacht" (Rolf Zuckowski) tanzen Kinder mit Kerzen einen Lichtertanz. Anschließend werden die Kerzen zur Krippe gestellt.
Die Kirche wird wieder etwas erhellt.

Anbetung

▼

Der Hirtenjunge David hat das Leben der drei Menschen verändert. Er hat ihnen wieder Hoffnung, Mut und Orientierung geschenkt, indem er sich Zeit für sie nahm, obwohl er es eilig hatte, weil er ja sein Lamm suchte. Er hat ihnen von Jesus erzählt, der uns zu neuen Menschen macht. Auch wir wollen jetzt zu Jesus gehen und ihn anbeten.

Während alle Kinder nach vorne kommen und sich in einem großen Kreis um die Krippe stellen, singen wir:
Lied: Ihr Kinderlein, kommet

Nach jedem Anbetungsteil singen wir:
Lied: Wir beten dich an (Nr. 24)

Jesus, du schenkst allen Menschen Hoffnung. Hilf auch uns, anderen Menschen Hoffnung zu geben, wenn sie verzweifelt, einsam, krank und mutlos sind.

Lied: Wir beten dich an (Nr. 24)

Jesus, du bist offen für alle Menschen. Hilf auch uns dabei, unsere Augen, Ohren, Hände und unser Herz zu öffnen, wenn andere uns brauchen.

Lied: Wir beten dich an (Nr. 24)

Jesus, du bist ein Wegbegleiter für alle Menschen. Hilf auch uns, füreinander Wegbegleiter zu sein, damit wir einer guten Zukunft entgegengehen.

Lied: Wir beten dich an (Nr. 24)

Jesus, du bist das Licht für alle Menschen. Lass auch uns ein Licht sein, damit wir anderen Menschen das Leben heller und froher machen können.

Lied: Wir beten dich an (Nr. 24)

Vaterunser

▼

All unsere Anliegen und Bitten fassen wir mit dem Gebet zusammen, das Jesus selbst seine Jünger gelehrt hat.
Vater unser im Himmel ...

Friedensgruß

▼

Als Jesus geboren wurde, erschienen Engel den Hirten in der Nacht und verkündeten den Frieden auf Erden. Darum wollen wir jetzt einander die Hände reichen und im Lied um diesen Frieden bitten:

Lied: Friedenslied (Nr. 11)

Der Friede des neugeborenen Herrn sei allezeit mit euch!

Kinder gehen wieder auf ihr Plätze zurück.

Schlussteil

▼

Schlussgebet
Lieber Gott, du hast uns Jesus geschenkt und uns am heutigen Abend zu ihm geführt.
Schenke uns im Leben, was wir brauchen, und lass es uns auch an andere weitergeben, damit das Leben wirklich gut für alle Menschen auf der Welt wird.

Darum bitten wir dich durch Jesus Christus, der heute geboren wird. Amen.

Segen und Verabschiedung

So segne und behüte uns der gute und liebende Gott, der Vater, der Sohn und der Heilige Geist. Amen.

Schlusslied: O du fröhliche (Tr 485)

Festlicher Auszug

3. Gottesdienstreihe

Engel Gottes begleiten uns durch die Adventszeit und verkünden die Frohe Botschaft

Engel Gottes kommen zu Abraham

Anlass/Themenkreis	Erster Advent
Ziel	Die Kinder sollen spüren, dass Gott die Menschen mit seinen Engeln durchs Leben begleitet
Vorbereitungen	Adventskranz Fußspuren aus Tonpapier ausschneiden Baumblätter aus Tonpapier ausschneiden zum Aufhängen Geschichte mit Kindern proben (Abraham, Sarah, drei Engel)
Weitere Materialien	Bibel Ockerfarbene, braune Tücher Palme, Zelt Kleidung für Spielkinder (Abraham, Sarah, drei Engel) Abrahamfigur Steine, Fußspuren und Baumblätter für Fürbitten Orffinstrumente: Becken, Gong, Xylophon, Glockenspiel, Trommel, Triangel
Gottesdienstübersicht	Einleitung Katechese Biblische Geschichte: Gott erscheint Abraham bei den Eichen von Mamre (Gen 18) Fürbitten mit Aktion Gebet

Gottesdienstverlauf

Lied: Ja, dann ist Advent, Str. 1 (Nr. 16)
Während des Liedes wird die erste Kerze am Adventskranz angezündet und von einem Kind im Kreis getragen.

Begrüßung und Hinführung

▼

Engel – überall begegnen sie uns in diesen Tagen des Advents. Wir sehen in den Dekorationen vieler Geschäfte Bilder von Engeln. Wir erkennen die Engel an ihren Flügeln, weil wir uns vorstellen, dass sie vom Himmel zu uns auf die Erde fliegen und uns so von Gott erzählen. In unseren Adventsgottesdiensten werden uns Engel als Boten Gottes begleiten und uns auf verschiedene Weise erzählen, dass Gott bei uns ist.

Kreuzzeichen

▼

Öffnen wir nun unsere Herzen für die Botschaft Gottes und beginnen wir unseren Kindergottesdienst in seinem Namen.
Im Namen des Vaters ...

Lied: Engel begleiten, Refr. (Nr. 9)

Katechese

▼

In die Mitte wird von Kindern eine Wüste mit ockerfarbenen Tüchern gelegt. Dazu: ♫ Becken
Wir sehen eine Wüstenlandschaft. In der Wüste ist es heiß. Selten nur gibt es Wasser. Das Laufen ist sehr anstrengend. In der Wüste muss ich mit wenig auskommen. In der Wüste lenkt nichts ab. Es fällt leicht, zu schweigen und zu hören.
Auch wir wollen jetzt ganz still sein und schweigen und die Stille und Ruhe wahrnehmen. Dazu schließen wir die Augen, bis ein Gong ertönt.
Kinder schließen die Augen, sind still und hören. Nach einer Weile: ♫ Gongschlag

Lied: Zeit für Ruhe (Tr 848)

Mit braunen Tüchern wird ein Weg in die Wüste gelegt. Dazu: ♫ Xylophon

Wir sehen einen Weg. Jeden Tag gehen wir Wege: in den Kindergarten, in die Schule, zur Arbeit, zum Einkaufen, zu Freunden, nach Hause.
Jetzt gehen wir den Weg durch den Advent. Wir gehen auf das Weihnachtsfest zu. Dabei wollen wir hören, was uns Gott sagt. Dazu schließen wir wieder die Augen und sind ganz still.
Währenddessen werden folgende Worte gesprochen:
Ich bin bei dir. *Stille*
Ich begleite dich auf allen Wegen. *Stille*
Ich lass dich nicht allein. *Stille – Nach einer Weile: ♫ Gongschlag*

Lied: Zeit für Ruhe (Tr 848)

An das Ende des Weges wird eine Palme gestellt. Dazu:
♫ Glockenspiel
Wir sehen eine Palme. Sie spendet Schatten und Schutz in der Wüste. Sie lädt uns zum Ausruhen ein.
Der Advent lädt uns auch ein, auszuruhen.
Deshalb schließen wir wieder die Augen und kommen zur Ruhe.
Kinder schließen die Augen und werden still. Nach einer Weile:
♫ Gongschlag

Lied: Zeit für Ruhe (Tr 848)

Hinführung zur Geschichte

▼

In der Geschichte erleben wir, wie Menschen in der Stille eine Botschaft für ihr Leben vernehmen, die nur von einem Engel kommen kann.

Lied: In den Gedanken und Worten mein (Tr 14)

Biblische Geschichte

▼

Die Geschichte wird von Kindern gespielt und mit Orffinstrumenten untermalt. Zu Beginn der Geschichte wird ein Zelt in die Wüste gestellt.

Abraham und seine Frau sind seit vielen Jahren gemeinsam unterwegs. Sie ziehen mit ihren Herden im Land umher, um für ihr Vieh gute Weideplätze zu finden.
♫ Xylophon

Mit ihnen zieht Gott. Sie glauben ganz fest daran, dass er sie begleitet und beschützt. Trotzdem sind sie nicht ganz glücklich, weil sie noch keine Kinder haben, obwohl sie schon lange verheiratet sind. ♫ *Trommel*

ABRAHAM: „Es fällt mir schon manchmal schwer, daran zu glauben, dass Gott mit uns ist. Denn er will doch, dass wir Kinder haben, damit unsere Zukunft gut wird." ♫ *Trommel*

Eines Tages, als sie wieder einmal tief in der Wüste waren, keine Hoffnung mehr auf Nachkommen hatten, zogen sie zu den Eichen von Mamre. ♫ *Xylophon*

Es ist Mittagszeit. Abraham sitzt vor seinem Zelt. Seine Frau Sarah ist im Zelt und bereitet das Mittagessen vor. Da sieht Abraham in der Ferne drei Gestalten. ♫ *Triangel*

Als sie näher kommen, steht er auf und begrüßt sie freundlich.

ABRAHAM: „Seid willkommen. Sicher seid ihr müde von eurer Reise. Setzt euch zu mir, ruht euch aus und esst mit mir. Ich will meiner Frau sagen, dass sie für euch ein Essen zubereitet."

Abraham geht ins Zelt zu Sarah.

ABRAHAM: „Backe Brot und bereite eine Mahlzeit, denn wir haben Besuch bekommen."

Nachdem Sarah gekocht hatte, bringt sie die Mahlzeit vor das Zelt, wo Abraham mit den drei Wanderern sitzt. Gemeinsam essen sie und reden miteinander. ♫ *Triangel*

Nach dem Essen geht Sarah zurück ins Zelt.

Einer der Besucher sagt zu Abraham:

ENGEL: „Ich habe eine gute Nachricht für euch. In einem Jahr komme ich wieder. Dann wird deine Frau Sarah einen Sohn haben!" ♫ *Becken*

Sarah, die im Zelt dem Gespräch zuhört, lacht leise vor sich hin und denkt:

SARAH: „Was redet der da draußen? Ich bin doch viel zu alt, um ein Kind zu bekommen!"

ENGEL: „Sarah, warum lachst du?" ♫ *Becken*

SARAH: „Ich lache doch nicht, Herr!"

ENGEL: „Doch. Traust du Gott nicht zu, dass er dir auch in deinem hohen Alter noch ein Kind schenken kann?" ♫ *Becken*

Abraham und Sarah spürten, dass dies eine frohe Botschaft für ihr

Leben war, und sie erkannten, wer sie besucht hatte. Gott, der Herr, ist mit seinen Engeln zu ihnen gekommen. Sie sind überglücklich vor Freude. ♫ *Glockenspiel*

Lied: Engel begleiten, Str. 1 (Nr. 9). *Dazu trägt ein Kind die Abrahamfigur im Kreis und stellt sie anschließend zur Palme.*

▼ **Auslegung**

Gott hat zu Abraham und Sarah Engel in Menschengestalt gesandt, um ihnen neue Hoffnung für ihr Leben zu machen.
In der Adventszeit macht auch uns Gott Hoffnung auf neues Leben, indem er uns Jesus schickt.

▼ **Fürbitten**

Guter Gott, du hast zu Abraham und Sarah deine Engel gesandt, um ihnen zu zeigen, dass du bei ihnen bist und sie nicht vergisst. Weil wir glauben, dass du auch bei uns bist, bitten wir dich:
Drei Kinder lesen Fürbitten mit den entsprechenden Zeichen in der Hand. Nach jeder Fürbitte singen wir:

Lied: Zeit für Ruhe (Tr 848)

Kind hält Steine in der Hand und legt sie nach der Fürbitte in die Wüste.
- Wir Kinder wollen oft viel zu viel. Lass uns auch mit kleinen Dingen zufrieden sein und erkennen, was für unser Leben wirklich wichtig ist.

Kind hält Fußspuren in der Hand und legt sie nach der Fürbitte auf den Weg.
- Wir sind jeden Tag unterwegs. Begleite uns mit deinem Schutz und Segen, und zeige uns den richtigen Weg.

Kind hält Blätter in der Hand und hängt sie nach der Fürbitte an die Palme.
- Wir erleben die Adventszeit oft in Stress und Hektik. Gib uns Ruhe, und lass uns in der Stille das Wesentliche erkennen.

▼ **Vaterunser**

Abraham hatte ein offenes Herz für die Botschaft Gottes. So wollen auch wir unsere Hände wie eine Schale öffnen und mit offenem Herzen das Gebet beten, das uns Jesus gelehrt hat.
Vater unser im Himmel …

Friedensgruß

▼

Lied: Offen kommen wir zu dir (Nr. 20)

Schlussteil

▼

Schlussgebet

Guter Gott.
Du bist zu Abraham gekommen.
Du hast ihm neue Hoffnung gemacht.
Komm auch zu uns.
Schenke uns, was wir im Leben brauchen.
Begleite uns auf unserem Weg durch den Advent.
Amen.

Segen und Verabschiedung

Lied: Er schenkt uns Freude, Str. 1 (Nr. 10)

Engel Gottes kommen im Traum zu Jakob

Anlass/Themenkreis	Zweiter Advent
Ziel	Die Kinder sollen spüren, dass Gott, hier in Gestalt von Engeln, verzeiht
Vorbereitungen	Adventskranz Betttuch als Projektionsfläche und Leiter für Traum des Jakob Großer Strahler, mehrere Taschenlampen (symbolisieren Engel) Geschichte mit Jakob proben In der Mitte liegt das Bild des Gottesdienstes: „Engel Gottes kommen zu Abraham“
Weitere Materialien	Bibel Großer Stein, kleine Steine für jedes Kind Rotes Tuch, grüne Zweige für jedes Kind Kleidung für Jakob Jakobfigur Orffinstrumente: Trommel, Xylophon, Glockenspiel, Triangel, Becken CD-Player mit Meditationsmusik Lied: „Wär’ uns der Himmel immer so nah …“ aus der CD „Winterkinder“ von Rolf Zuckowski

Gottesdienstübersicht

Einleitung

Katechese

Biblische Geschichte: Die Himmelsleiter
(Gen 28,10–22)

Fürbitten

Tanz

Gebet

Gottesdienstverlauf

Lied: Ja, dann ist Advent, Str. 1+2 (Nr. 16)
Während des Liedes werden die ersten zwei Kerzen am Adventskranz angezündet und von je einem Kind im Kreis getragen.

Begrüßung und Hinführung

▼

Engel begleiten uns im Leben. Und deshalb wollen wir in dieser Adventszeit Geschichten von Engeln miteinander nacherleben. Im ersten Gottesdienst sind Engel als Wanderer bei Abraham und Sarah vorbeigekommen und haben ihnen Hoffnung auf ein Kind gemacht. Auch heute, am zweiten Adventssonntag, erleben wir wieder eine Engel-Geschichte.

Kreuzzeichen

▼

In dieser Feier wollen wir wieder ganz nahe bei Gott sein, unsere Sinne für seine Engel öffnen. So beginnen wir in seinem Namen und beten gemeinsam:
Im Namen des Vaters …

Lied: Engel begleiten, Refr. (Nr. 9)

Katechese

▼

Die erste Adventswoche liegt hinter uns. Wir haben in dieser Woche wieder viel erlebt, im Kindergarten, in der Schule, auf der Arbeit, in der Familie und zu Hause. Wir wollen jetzt auf diese Woche zurückblicken, auf das, was war. Da gab es auch manches, was nicht so gut war, was uns nicht gelungen ist. Da gab es manches, was schwer wie ein Stein auf uns lastete. *Ein großer Stein wird gezeigt.*

Drei Kinder und ein Erwachsener lesen folgende Texte:

- Immer wieder habe ich mich in der letzten Woche mit meinen Geschwistern gestritten. ♫ *Trommel*
- Ich habe meinen Eltern nicht immer die Wahrheit gesagt. ♫ *Trommel*
- Ich war zu faul, für die Schule zu lernen. ♫ *Trommel*
- Wieder einmal habe ich mir nicht genug Zeit für meine Mitmenschen, für meine Eltern, Geschwister und Freunde, genommen. ♫ *Trommel*

Kinder benennen noch weitere Situationen, in denen ihnen etwas nicht gelungen ist.

Guter Gott, wie ein schwerer Stein bedrücken uns Dinge, die nicht so gut waren. Als Zeichen dafür wollen wir diesen großen Stein in unsere Wüste legen. Denn die Wüste sagt uns: Lege das ab, was nicht gut war.

Lied: Herr, ich bin schwach, erste Zeile vom Refr. (Tr 762)

Wir spielen mit Gesten folgende Aussagen nach:
Wir werden schwer wie ein Stein. ♫ *Trommel*
Der Kopf wird schwer – wir lassen ihn fallen. ♫ *Trommel*
Die Arme werden schwer – wir lassen sie nach unten hängen.
♫ *Trommel*
Unsere Füße werden schwer – sie ruhen auf dem Boden.
♫ *Trommel*
Wir sitzen da – schwer wie ein Stein. ♫ *Trommel*

Alle Kinder bekommen einen Stein in die Hand gelegt, dessen Schwere sie spüren. Dazu: ♫ *Trommel*
Wir wollen uns jetzt aus dieser Schwere wieder befreien, indem jeder seinen Stein in die Wüste legt. Mit dem Stein legen wir alle Last, die uns bedrückt, ab und kehren ganz frei und beschwingt an unseren Platz zurück.
Die Kinder legen der Reihe nach ihren Stein in der Wüste ab. Dazu: Meditationsmusik

Hinführung zur Geschichte

▼

In der Geschichte begegnet uns heute Jakob. Er hat seinen Bruder betrogen. Wie ein schwerer Stein lastet dies auf ihm. Er ist ganz verzweifelt und sucht nach einem Weg, wie er die Last loswerden kann.

Lied: In den Gedanken und Worten mein (Nr. 14)

Biblische Geschichte

▼

Die Geschichte wird von Kindern gespielt und mit Orffinstrumenten untermalt.

Vor langer Zeit lebte die Familie von Isaak in Israel. Isaak hatte zwei Söhne, die ihm sehr wertvoll waren. Der ältere Sohn hieß

Esau, der jüngere Jakob. In einer ganz wichtigen Sache hat Jakob seinen Bruder Esau betrogen.

Jakob: „Mein Bruder ist sehr zornig auf mich, weil ich ihn betrogen habe. Er ist zu Recht böse. Bestimmt rächt er sich an mir. Ich muss fliehen, damit er mich nicht erwischt.“ ♫ *Trommel*

So geht Jakob von zu Hause fort in ein fremdes Land.

♫ *Xylophon*

Er wandert den ganzen Tag ohne Pause. ♫ *Xylophon*

Es wird schon Abend und die Sonne geht unter. ♫ *Glockenspiel (Tonleiter abwärts)*

Jakob: „Wo soll ich nur schlafen? Weit und breit ist kein Haus, kein Zelt, kein guter Schlafplatz.“

Da findet er einen einsamen Ort, an dem er in dieser Nacht bleiben will. Jakob sucht sich einen Stein, um darauf seinen Kopf zu legen.

♫ *Xylophon (Tonleiter abwärts)*

Jakob legt sich niedergeschlagen auf den Stein und schläft ein.

♫ *Meditationsmusik*

In dieser Nacht hat Jakob einen seltsamen Traum. *Betttuch wird ausgebreitet und die dahinter stehende Leiter wird angestrahlt, so dass die Gemeinde die Leiter als Schattenbild sieht.*

Jakob sieht im Traum eine Leiter. Sie reicht von der Erde bis in den Himmel hinein.

♫ *Glockenspiel (tiefer und hoher Ton)*

Auf der Leiter steigen Engel auf und nieder. *Taschenlampenstrahlen werden der Leiter entlang nach oben und unten geführt. Dazu:*

♫ *Glockenspiel*

Da spricht Gott zu Jakob:

Stimme Gottes: „Ich bin der Herr, dein Gott. ♫ *Becken*
Fürchte dich nicht, ich bin mit dir. ♫ *Becken*
Ich weiß, dass du Unrechtes getan hast. Ich verzeihe dir, ich nehme die Last von dir. ♫ *Becken*
Das Land, auf dem du schläfst, gebe ich dir. ♫ *Becken*
Du und deine Kinder sollen gesegnet sein. ♫ *Becken*
Ich begleite dich, wohin du gehst. Ich bin immer bei dir.“
♫ *Becken*

Leiter und Tuch werden weggenommen.

Als Jakob am Morgen erwacht, ist er ganz durcheinander.

Jakob: „Gott hat zu mir gesprochen. ♫ *Triangel*

Wahrhaftig, hier ist ein heiliger Ort. ♫ *Triangel*
Hier habe ich Gott ganz nahe gespürt. ♫ *Triangel*
Hier ist die Erde mit dem Himmel in Berührung gekommen."
♫ *Triangel*

Ein rotes Tuch wird unter den Stein gelegt. Kinder verzieren den Stein mit grünen Zweigen. Dazu: Meditationsmusik

Jakob nimmt den Stein, auf dem er geschlafen hat, er salbt ihn mit Öl und spricht:

JAKOB: „Dieser Stein soll ein Erinnerungszeichen dafür sein, dass ich Gott erfahren habe. Ich danke Gott, denn er beschützt mich auf all meinen Wegen. Er ist immer bei mir. Danke, guter Gott."
♫ *Becken*

Lied: Engel begleiten, Str. 2 (Nr. 9). *Dazu trägt ein Kind die Jakobsfigur im Kreis und stellt sie anschließend beim Stein ab.*

Auslegung

▼

Gott hat sich Jakob im Traum durch seine Engel gezeigt und ihm deutlich gemacht, dass er ihm verzeiht und seine Last von ihm nimmt. Wie Jakob durch die Himmelsleiter die Erde mit dem Himmel verbunden gesehen hat, verbinden sich an Weihnachten Himmel und Erde, wenn Jesus zu uns kommt.

Fürbitten

▼

Guter Gott, Jakob sah im Traum, wie sich Himmel und Erde miteinander verbunden haben. Er hörte deine Stimme und spürte, dass du ihm nahe bist. Auch wir glauben, dass du uns nahe bist und sagen dir deshalb unsere Bitten:
Fünf Kinder lesen Fürbitten. Nach jeder Fürbitte singen wir:

Lied: Jesus, du bist für uns das Licht, Str. 6 (Nr. 17)

- Jesus, komm zu uns und sei allen Menschen nahe, die fliehen müssen.
- Jesus, komm zu uns und sei allen Menschen nahe, die Unrechtes getan haben.
- Jesus, komm zu uns und sei allen Menschen nahe, die Angst haben.
- Jesus, komm zu uns und sei allen Menschen nahe, die dem anderen wehgetan haben.

– Jesus, komm zu uns und sei allen Menschen nahe, die nicht mehr ein noch aus wissen.

Vaterunser

▼

Jakob hat im Traum erfahren, dass Gott ihn nicht alleine lässt, dass er ihm alle Schuld verzeiht. Im Vertrauen, dass Gott auch bei uns ist, dürfen wir getrost beten:
Vater unser …

Friedensgruß

▼

Lied: Seht, die gute Zeit ist nah (Liederbuch zum Umhängen I, Nr. 81)

Tanz

▼

Die Kinder tanzen mit Gesten zum Lied: „Wär' uns der Himmel immer so nah …" (R. Zuckowski)

Schlussteil

▼

Schlussgebet

Guter Gott, du bist immer bei uns.
Du beschützt uns.
Du begleitest uns auf allen unseren Wegen.
Wo du bist, berühren sich Himmel und Erde.
Danke, guter Gott, für deine Nähe.

Segen und Verabschiedung

Lied: Er schenkt uns Freude, Str. 2 (Nr. 10)

Der Engel Gottes begleitet Tobias auf seinem Weg

Anlass/Themenkreis	Dritter Advent
Ziel	Die Kinder sollen erfahren, dass Gott uns auf allen Wegen durch seine Engel begleitet
Vorbereitungen	Adventskranz Fisch aus Papier oder Stoff basteln und mit Schnur versehen Geldsack basteln Geschichte mit Kindern proben (Tobit, Tobias, Frau, Engel) In der Mitte liegt das Bild des Gottesdienstes: „Engel Gottes kommen im Traum zu Jakob“ Die Kinder bekommen vor dem Gottesdienst ein Namenskärtchen und ein Teelicht
Weitere Materialien	Bibel Zwei blaue Tücher, zwei gelbe Tücher Kerze für Raphael Kleidung für Spielkinder (Tobit, Tobias, Frau, Engel) Tobiasfigur Orffinstrumente: Xylophon, Glockenspiel, Triangel, Becken, Trommel

Gottesdienstübersicht

Einleitung

Katechese

Biblische Geschichte: Raphael begleitet Tobias
(Tob 5–12)

Fürbitten

Gebet

Gottesdienstverlauf

Lied: Ja, dann ist Advent, Str. 1–3 (Nr. 16) *Während des Liedes werden die ersten drei Kerzen am Adventskranz angezündet und von je einem Kind im Kreis getragen.*

Begrüßung und Hinführung

▼

Engel begleiten uns in der Adventszeit. In verschiedenen Geschichten erleben wir, wie Gott uns durch seine Engel nahe ist und uns beschützt. So hat Gott seine Engel zu Abraham und Sarah geschickt. Und Jakob durfte Gottes Engel im Traum erleben. Auch in diesem Gottesdienst begleitet uns ein Engel.

Kreuzzeichen

▼

Im Vertrauen, dass Gott uns auf all unseren Wegen mit seinen Engeln begleitet, beginnen wir diesen Gottesdienst und beten gemeinsam:
Im Namen des Vaters …

Lied: Engel begleiten, Refr. (Nr. 9)

Katechese

▼

Ihr seid vorhin in die Kirche gegangen. Vielleicht seid ihr alleine, zu zweit oder mit der ganzen Familie gekommen. Ihr habt euch auf den Weg gemacht. Täglich gehen wir Wege: in den Kindergarten, in die Schule, zu Freunden oder Verwandten. Eure Eltern gehen zur Arbeit oder zum Einkaufen. Viele Wege gehen wir alleine.
Wir freuen uns immer, wenn einer mit uns geht, wenn wir uns auf dem Weg unterhalten können, wenn wir uns den richtigen Weg zeigen können.
Erleben wir jetzt, wie es ist, wenn wir alleine oder zu zweit gehen. Geht nun hier im Raum während des Xylophonspiels alleine umher. Wenn ihr das Glockenspiel hört, sucht euch einen Begleiter und geht zu zweit weiter.
Die Kinder gehen zunächst alleine. Dazu: ♫ Xylophon. Währenddessen wird folgender Text gelesen:
Ich gehe allein, keiner geht mit mir.
Mit niemandem kann ich reden.

Niemand nimmt mich an der Hand.
Vielleicht habe ich Angst, weil ich den Weg nicht finde.

Nach diesem Text: ♫ *Glockenspiel zum Xylophon. Die Kinder suchen sich einen Wegbegleiter.*
Dann wird folgender Text gelesen:
Wie schön ist es doch, zu zweit zu gehen.
Wie schön ist es, einen Begleiter zu haben.
Wir können miteinander reden und uns gegenseitig Mut machen.
Kinder setzen sich auf ihre Plätze.

Ihr habt es in unserem kleinen Spiel erlebt, dass es viel schöner ist, wenn man gemeinsam auf dem Weg ist.
Gott hat uns zugesagt, dass er uns immer begleitet, dass er auf allen Wegen bei uns ist. Er lässt uns nicht allein. Das dürfen wir glauben. Darauf dürfen wir vertrauen.
Deshalb singen wir jetzt voller Zuversicht:

Lied: Wege gehen (Nr. 23)

Hinführung zur Geschichte

▼

Mit blauen Tüchern wird in die Mitte des Weges ein Fluss gelegt. An die beiden Enden des Weges wird jeweils ein Haus angelegt.
Unsere Geschichte erzählt heute von einem Mann. Er heißt Tobit. Er wohnt mit seiner Familie in einem kleinen Haus. *Tobit setzt sich in das Haus.*
Tobit hat auch einen Sohn. Er heißt Tobias. *Tobias stellt sich zum Haus seines Vaters.*
In einer fernen Stadt hat die Familie des Tobias Verwandte. Sie wohnen in einem der Häuser. Dort lebt auch eine junge Frau. Der Weg dorthin führt an einem Fluss vorbei. *Frau setzt sich in das andere Haus.*

Lied: In den Gedanken und Worten mein (Nr. 14)

Biblische Geschichte

▼

Die Geschichte wird von Kindern gespielt und mit Orffinstrumenten untermalt. Ein Fisch an einer Schnur wird auf die blauen Tücher gelegt.

Tobit sagt zu seinem Sohn Tobias:

Tobit: „Ich bin alt und muss bald sterben. Mach dich auf den Weg und geh zu deinen Verwandten. Ich habe bei ihnen Geld hinterlegt, das für dich bestimmt ist."

Tobias: „Ich kenne den Weg nicht. Wer soll mich begleiten?"

Tobit: „Such dir selbst einen Begleiter. Vielleicht findest du einen."

Tobias geht zunächst alleine los. Keiner geht mit ihm.

♬ *Xylophon*

Tobias: „Es wäre schön, wenn ich nicht allein gehen müsste, wenn mich einer begleiten würde. Denn ich kenne den Weg ja nicht. Vielleicht verlaufe ich mich." ♬ *Xylophon*

Nachdem er ein Stück auf seinem Weg gegangen ist, trifft er Raphael. ♬ *Glockenspiel*

Raphael ist ein Engel. Aber Tobias weiß es nicht.

Raphael *(mit Kerze in der Hand)*: „Ich weiß, dass du einen Begleiter suchst. Ich kenne deinen Weg. Lass mich mit dir gehen, dann werde ich dich begleiten." ♬ *Triangel*

So machen sie sich gemeinsam auf den Weg.

♬ *Xylophon und Glockenspiel*

Nach einer Weile kommen sie an einen Fluss. Tobias will in den Fluss gehen, um zu baden. Da springt ein Fisch aus dem Wasser und will ihn verschlingen. *Fisch an Schnur wird hochgezogen.*

♬ *Becken*

Raphael: „Pack ihn und wirf ihn ans Ufer. Wir wollen ihn mitnehmen. Er wird später für uns Gutes bewirken."

Tobias tut, was ihm der Engel sagt.

Zusammen gehen sie ihren Weg weiter.

♬ *Xylophon und Glockenspiel*

Sie kommen nach vielen Tagen in die Stadt, wo die Verwandten wohnen. Tobias begrüßt die junge Frau. Er lernt sie im Laufe der Zeit kennen und lieben und heiratet sie. Der Engel Raphael hat beide zusammengeführt.

Tobias bekommt das Geld, das ihm sein Vater Tobit zugedacht hat. So können Tobias und seine Frau zusammen mit Raphael zum Vater zurückkehren. ♬ *Xylophon und Glockenspiel*

Als sie zu Hause ankommen, geht es dem Vater nicht gut. Er ist krank. ♬ *Trommel*

Da erinnert sich Tobias an den Fisch. Er kocht ihn und gemeinsam essen sie den Fisch. ♫ *Glockenspiel*

Und siehe da, während des Mahles geht es dem alten Vater immer besser. Er fühlt sich gestärkt. Er hat wieder Kraft in sich. Die Gemeinschaft tut ihm sehr gut. ♫ *Glockenspiel*

Er umarmt seinen Sohn und dankt Gott:

TOBIT: „Sei gepriesen, Gott, mit all deinen Engeln." ♫ *Triangel*

Dann ruft er Raphael herbei. Er will sich bei ihm für die Begleitung seines Sohnes und für all seine Mühen bedanken.

RAPHAEL: „Bedanke dich nicht bei mir. Preist Gott und lobt ihn. Er hat euch geholfen. Er hat eure guten Taten gesehen. Darum hat mich Gott gesandt, um euch zu helfen. Ich bin Raphael, ein Engel Gottes." ♫ *Becken*

Da erschrecken alle und fallen zu Boden.

RAPHAEL: „Fürchtet euch nicht. Friede sei mit euch. Dankt Gott und lobt ihn. Er hat euch Gutes getan." ♫ *Becken*

Dann geht der Engel fort, er kehrt zurück zu Gott, der ihn gesandt hat. Tobit und Tobias erzählen überall, welch große und wunderbare Dinge Gott tut.

Lied: Engel begleiten, Str. 3 (Nr. 9). *Dazu trägt ein Kind die Tobiasfigur im Kreis herum und stellt sie anschließend auf den Weg.*

Auslegung

▼

Wie Gott Tobias seinen Engel Raphael als Begleiter geschickt hat, sendet er auch zu uns immer wieder Menschen, die uns helfen unseren Lebensweg zu gehen.

Alle Kinder legen ihr Namensschild der Reihe nach auf den Weg und stellen eine Kerze dazu.

Dazu singen wir:

Lied: Wege gehen (Nr. 23)

Fürbitten

▼

Guter Gott, dein Engel Raphael hat Tobias begleitet. Du begleitest uns auch auf unserem Weg. Darum bitten wir dich:

Fünf Kinder lesen Fürbitten. Nach jeder Fürbitte singen wir:

Liedruf: Geh mit uns auf unserem Weg, Refr. (Tr 724)

– Begleite unsere Familien auf all ihren Wegen.
– Halte deine schützende Hand über alle Kinder und Jugendlichen.
– Stärke alle alten Menschen.
– Schenke allen Kranken und Behinderten deine Kraft.
– Sei bei uns allen und begleite uns auf all unseren Wegen.

Vaterunser

▼

Beim Vaterunser nehmen wir uns heute an der Hand, weil wir glauben, dass auch Gott uns durch unser Leben führt:
Vater unser …

Friedensgruß

▼

Lied: Seht, die gute Zeit ist nah (Liederbuch zum Umhängen I, Nr. 81)

Schlussteil

▼

Schlussgebet
Guter Gott.
Geh mit uns auf allen unseren Wegen.
Geh mit uns, wenn wir traurig und alleine sind.
Geh mit uns, wenn wir mutlos und verzweifelt sind.
Sei immer bei uns.
Beschütze uns auf all unseren Wegen.
Amen.

Segen und Verabschiedung
Heute sagen wir uns den Segen Gottes gegenseitig zu und werden so füreinander zu Engeln.
So segnen wir uns gegenseitig mit dem Segenswunsch: „Gott geht mit dir."
Kinder segnen sich gegenseitig mit einem Kreuzzeichen auf die Stirn.

Lied: Er schenkt uns Freude, Str. 3 (Nr. 10)

Ein Engel Gottes kommt zu Elija und gibt ihm Kraft

Anlass/Themenkreis	Vierter Advent
Ziel	Die Kinder sollen erfahren, dass Gott uns Kraft gibt und uns auf allen Wegen durch seine Engel stärkt
Vorbereitungen	Adventskranz Geschichte mit Kindern proben (Elija, Engel) In der Mitte liegt das Bild des Gottesdienstes: „Engel Gottes begleiten Tobias auf seinem Weg“
Weitere Materialien	Bibel Brot, Wasserkrug, Kerze Kleidung für Spielkinder (Elija, Engel) Elijafigur Brot und Wasser für alle Kinder Orffinstrumente: Trommel, Triangel, Becken, Glockenspiel CD-Player mit Meditationsmusik
Gottesdienstübersicht	Einleitung Katechese Biblische Geschichte: Elija wird von Gott gestärkt (1 Kön 19,1–13) Fürbitten Aktion Gebet

Gottesdienstverlauf

Lied: Ja, dann ist Advent, Str. 1–4 (Nr. 16) *Während des Liedes werden die vier Kerzen am Adventskranz angezündet und von je einem Kind im Kreis getragen.*

Begrüßung und Hinführung

▼

Ganz viel haben wir in der Adventszeit schon von Engeln gehört. In ganz verschiedenen Geschichten und auf ganz verschiedene Weise sind sie zu den Menschen gekommen und haben ihnen die frohe Botschaft von Gottes guter Zukunft gesagt. Jetzt sind wir schon ganz nahe an Weihnachten, wo Gott uns seinen Sohn Jesus schenkt. Mehr noch als alle Engel hat er uns die Nähe Gottes gebracht.
Engel kamen zu Abraham und Sarah, zu Jakob und Tobit. Heute erleben wir in der biblischen Geschichte, wie Gott einem Mann hilft, der in einer ausweglosen Situation ist.

Kreuzzeichen

▼

Im Namen Gottes wollen wir diese Feier beginnen in der Hoffnung, dass Gott auch in unserem Leben in allen Situationen bei uns ist.
Im Namen des Vaters …

Lied: Engel begleiten, Refr. (Nr. 9)

Katechese

▼

In unserer Mitte sehen wir ein Wüstenbild. Wir stellen uns vor, in der Wüste zu sein. Es ist heiß, wir schwitzen. Alles fällt uns ganz schwer. Das Laufen und das Atmen.
Kinder laufen mit gesenktem Kopf, langsamen Schritten, schwer atmend im Raum umher. Dazu: ♫ Trommel
Nach einer Weile werden die Kinder mit Wasser bespritzt, so dass sie frisch aufatmen und aufrecht weitergehen.
Das Wasser tut gut, es erfrischt uns. Wir können wieder durchatmen, aufstehen und gestärkt weitergehen.
Manchmal geht es uns auch in unserem Leben so: Wir sind niedergeschlagen und mutlos und dann kommt einer, der uns wieder aufrichtet, der uns stärkt.

Kinder sprechen folgende Texte:

- Mir geht es schlecht, wenn mein bester Freund nicht mehr mit mir spielt, weil wir uns gestritten haben. ♫ *Trommel* Wie gut tut es mir, wenn mein Freund wieder zu mir kommt und sich mit mir verträgt. ♫ *Triangel*
- Mir geht es schlecht, wenn ich mir wehgetan habe. ♫ *Trommel* Wie gut tut es mir, wenn meine Mama oder mein Papa sich dann um mich kümmern. ♫ *Triangel*
- Mir geht es schlecht, wenn ich etwas nicht kann. ♫ *Trommel* Wie gut tut es mir, wenn dann jemand zu mir kommt und mir hilft. ♫ *Triangel*
- Mir geht es schlecht, wenn ich Angst vor etwas habe. ♫ *Trommel* Wie gut tut es mir, wenn jemand zu mir kommt und mir Mut macht. ♫ *Triangel*

Hinführung zur Geschichte

▼

Wir erleben jetzt eine Geschichte, in der es einem Mann auch schlecht geht. Sein Name ist Elija. Schauen wir, was er erlebt und wie er gestärkt wird.

Lied: In den Gedanken und Worten mein (Nr. 14)

Biblische Geschichte

▼

Die Geschichte wird von Kindern gespielt und mit Orffinstrumenten untermalt.

Es gibt Menschen, die nicht an Gott glauben, obwohl sie erlebt haben, dass er es ist, der allen Gutes tut. Sie denken, dass sie alles Gute mit Geld und Macht erreichen können. Vieles ist ihnen wichtiger als Gott. ♫ *Trommel*

So ist es heute, so war es auch vor vielen Jahren in Israel. Menschen glaubten an andere Götter. Sie hörten nicht auf die Weisungen Jahwes, des Gottes der Israeliten. ♫ *Trommel*

Aber es gab auch Menschen, die auf Jahwe hörten und für Gott kämpften. ♫ *Becken*

Ein solcher Mensch war Elija. Er versuchte, die anderen von Gott zu überzeugen. ♫ *Becken*

Er tat dies mit allen Mitteln, die ihm zur Verfügung standen. Manchmal sogar auch mit Gewalt. Deshalb musste er fliehen, weg aus seiner Heimat. Er ging in die Wüste. ♫ *Trommel*

Dort setzte er sich unter einen Ginsterstrauch und wünschte sich den Tod. ♫ *Trommel*

ELIJA: „Es ist genug, Herr. Ich will nicht mehr leben. Lass mich sterben." ♫ *Trommel*

Dann legte er sich unter einen Ginsterstrauch und schlief ein. ♫ Glockenspiel

Während Elija schlief, kam ein Engel, rührte ihn an und sprach zu ihm: *Engel bringt Brot und Krug mit Wasser, stellt ihn neben Elija und rührt ihn an.*

ENGEL: „Steh auf und iss!" ♫ *Triangel*

Als Elija aufwachte und um sich blickte, sah er Brot, das in glühender Asche gebacken war, und einen Krug mit Wasser. Elija war verwundert. Dann nahm er das Brot und aß es und trank das Wasser. Dann legte er sich wieder hin. ♫ *Glockenspiel*

Doch der Engel des Herrn kam zum zweiten Mal, rührte ihn an und sprach: *Engel kommt und entzündet eine Kerze und stellt sie zu Elija.*

ENGEL: „Steh auf und iss, sonst ist der Weg zu weit für dich." ♫ *Triangel*

Elija wunderte sich wieder. Er stand dann aber auf, aß und trank und wanderte, durch diese Speise gestärkt, vierzig Tage und vierzig Nächte bis zum Gottesberg Horeb. Dort geschah etwas Wunderbares. ♫ *Becken*

Elija erlebte Gott und fasste so neuen Mut für sein Leben und sagte zu sich selbst:

ELIJA: „Gott, du bist so groß und mächtig. Du bist mehr als alle anderen Götter. Du bist der Herr meines Lebens und der Herr aller Menschen." ♫ *Becken*

Durch die Stärkung des Engels konnte Elija seinen Weg zurückgehen und voller Lebensmut seinen Auftrag erfüllen. Er verkündigte den Namen des Herrn und sorgte in Israel für Ruhe und Frieden.

Lied: Engel begleiten, Str. 4 (Nr. 9). *Dazu trägt ein Kind die Elijafigur im Kreis und stellt sie anschließend in der Wüste ab.*

Auslegung

▼

Auch wir sind manchmal mutlos und müde und fliehen vor einer Aufgabe. Dann tut es gut, wenn ein lieber Mensch wie ein Engel zu uns kommt und uns wieder Mut macht.

Fürbitten

▼

Lieber Gott, du hast immer wieder Engel zu Menschen gesandt, denen es im Leben nicht so gut ging. Deshalb bitten wir um Kraft in ganz verschiedenen Situationen:

Fünf Kinder lesen Fürbitten. Nach jeder Fürbitte singen wir:
Lied: Ich wünsche mir gar sehr (Nr. 12)

- Gib uns die Kraft, nach einem Streit wieder die Hand zur Versöhnung zu reichen.
- Gib uns die Kraft, nach Misserfolgen neu anfangen zu können.
- Gib uns die Kraft, unsere Angst zu überwinden.
- Gib uns die Kraft, dem anderen zu verzeihen, wenn wir verletzt wurden.
- Gib uns die Kraft, unsere Aufgaben mit Mut zu beginnen.

Aktion

▼

Als Zeichen, dass Gott auch uns in unserem Leben stärkt, wollen wir nun miteinander Brot essen und Wasser trinken, so wie es Elija getan hat.
Brot und Wasser wird an die Kinder ausgeteilt. Dazu: Meditationsmusik

Vaterunser

▼

Im Vaterunser beten wir immer wieder um die Kraft Gottes. Darum lasst uns auch heute beten: Vater unser …

Friedensgruß

▼

Lied: Offen kommen wir zu dir (Nr. 20)

Schlussteil

▼

Schlussgebet
Lieber Gott.
Stärke uns auf all unseren Wegen.
Stärke uns, wenn wir müde sind.
Stärke uns, wenn wir mutlos sind.
Gib uns Kraft durch unseren Engel.
Amen.

Segen und Verabschiedung

Lied: Er schenkt uns Freude, Str. 4 (Nr. 10)

Engel Gottes erscheinen den Hirten und verkünden die Geburt des Gottessohnes

Anlass/Themenkreis	Heiliger Abend, Kinderchristmette
Ziel	Die Kinder sollen erfahren, dass Engel Boten von lebensentscheidenden Ereignissen sind – wie bei Jesu Geburt
Vorbereitungen	Das Bild der vier Adventsgottesdienste liegt in der Mitte. Zum Bild wird Stroh als Krippe gelegt Das Evangelium mit den Spielern proben Den Tanz mit den Engeln proben
Weitere Materialien	Bibel Kerzen für Einzug (für MinistrantInnen und Engel), für Lichterprozession und für Lichtertanz Schriftrolle für Bote Jesuskind Kleidung für Spieler (Acht Engel, Bote, Leute, Josef, Maria, drei Hausbesitzer, drei Hirten) Lagerfeuer für Hirten aus roten und gelben Tüchern Orffinstrumente: Trommel, Becken, Flöte, Xylophon CD-Player mit Lied: „Mitten in der Nacht“ aus der CD „Dezemberträume“ von Rolf Zuckowski

Gottesdienstübersicht

Rückblick der Engel

Evangelium: Die Geburt Jesu (Lk 2,1–19)

Lichterprozession

Fortsetzung des Evangeliums

Engellichtertanz

Anbetung des Jesuskindes

Gebet

Gottesdienstverlauf

Einstimmung

▼

Meditative Musik

Einzug

▼

Der/die GottesdienstleiterIn zieht mit Engeln und MinistrantInnen, die Kerzen in den Händen halten, in die dunkle Kirche ein. Dazu singen wir:

Lied: Macht hoch die Tür, Str. 1 u. 5 (GL 107)

Begrüßung und Kreuzzeichen

▼

Wir begrüßen euch alle ganz herzlich an diesem Heiligen Abend hier bei uns in der Kirche. Den ganzen Advent über haben wir auf das Weihnachtsfest gewartet, das wir mit diesem Gottesdienst jetzt beginnen. Wir denken nun daran, dass Jesus für uns geboren wurde, und feiern, dass mit ihm unser Leben neu werden kann.
So beginnen wir diese Feier im Namen Gottes, der heute Mensch wird, und beten miteinander:
Im Namen des Vaters …

Hinführung

▼

Wir sind heute von vielen Engeln umgeben. Sie haben uns im Advent begleitet. Sie haben verschiedenen Menschen und auch uns eine frohe Botschaft gebracht. Sie haben Menschen auf ihrem Weg begleitet, sie haben Hoffnung gemacht, sie haben den Himmel geöffnet.
Hören wir jetzt, was uns die Engel sagen.

DIE DREI ENGEL ABRAHAMS:
„Wir waren bei Abraham und Sarah zu Besuch. Die beiden wünschten sich schon immer ein Kind und hatten die Hoffnung fast verloren. Denn sie waren schon sehr alt. Abraham und Sarah waren ganz schön erschrocken, als wir ihnen sagten, dass Sarah noch in ihrem Alter ein Kind bekommen wird. Zuerst haben sie nicht daran geglaubt. Aber dann spürten sie, dass ihnen Gott ganz nahe war. Wir haben ihnen Hoffnung gemacht."

Lied: Engel begleiten, Str. 1 (Nr. 9)
Die Engel stellen eine Kerze zu Abraham und Sarah auf das Mittelbild. Die Engel bleiben im Hintergrund stehen.

DIE ENGEL JAKOBS:
„Wir stiegen auf einer Leiter zu Jakob herab. Er hat dies im Traum gesehen. Mit schlechtem Gewissen war er von zu Hause geflohen, weil er seinen Bruder betrogen hatte. Durch uns spürte er, dass Gott ihm ganz nahe war und dass seine Schuld vergeben wurde."

Lied: Engel begleiten, Str. 2 (Nr. 9)
Die Engel stellen eine Kerze zu Jakob auf das Mittelbild. Die Engel bleiben im Hintergrund stehen.

DER ENGEL DES TOBIAS:
„Auf einer langen und gefährlichen Reise bin ich zu Tobias gekommen. Ich habe ihn auf dem Weg begleitet. Durch mich hat er sein Ziel erreicht und durch meine Hilfe hat er eine Frau gefunden und konnte seinen kranken Vater heilen. Tobias spürte durch mich, dass ihm Gott ganz nahe war und ihn auf seinem Weg begleitet hat."

Lied: Engel begleiten, Str. 3 (Nr. 9)
Der Engel stellt eine Kerze zu Tobias auf das Mittelbild. Der Engel bleibt im Hintergrund stehen.

DER ENGEL DES ELIJA:
„Elija war in die Wüste geflohen. Er wollte nicht mehr leben. Er hatte keine Kraft mehr. Da bin ich zu ihm gekommen und habe ihm Brot und Wasser zur Stärkung gegeben. So konnte er mit Gottes Kraft seinen Weg zurückgehen und seine Aufgabe mit neuem Mut erfüllen. Durch mich spürte er, dass Gott ihm ganz nah war und ihm Kraft für sein Leben gegeben hat.

Lied: Engel begleiten, Str. 4 (Nr. 9)
Der Engel stellt eine Kerze zu Elija auf das Mittelbild. Der Engel bleibt im Hintergrund stehen.
Nach dem Lied gehen alle Engel zur Seite, um während des Evangeliums bei der Engelsbotschaft wieder hervorzutreten.

Hinführung zur Geschichte

▼

Engel spielen eine ganz große Rolle im Leben der Menschen, wie wir gesehen haben. Auch heute kommen Engel von Gott, um den Menschen die frohe Botschaft zu bringen.

Frohe Botschaft

▼

Die Geschichte wird von Erwachsenen oder Kindern gespielt. Außerdem wird die Geschichte mit Orffinstrumenten oder mystischer Musik untermalt.

Zwei Ministranten ziehen mit Kerzen neben dem/der GottesdienstleiterIn zunächst zum Altar, um die Bibel zu holen, dann zum Ambo zur Verkündigung des Evangeliums:

Lied: In den Gedanken und Worten mein (Nr. 14)

Evangelium

In jener Zeit erlässt Kaiser Augustus den Befehl. Er schickt einen Boten nach Nazareth.

BOTE *(kommt ♫ trommelnd und rollt eine Schriftrolle auf)*: „Hört ihr Leute, hört ihr Männer und Frauen! Alle, die in diesem Land des Kaisers wohnen, sollen in ihre Heimat gehen, dorthin, wo sie geboren sind. Sie sollen sich in große Listen einschreiben lassen. Auf, geht alle in eure Heimatstadt."

Da machen sich die Leute auf den Weg. *(Einige Leute laufen durch die Kirche.)*

Jeder geht in seine Stadt, in sein Dorf, um sich aufschreiben zu lassen. So macht sich auch Josef aus Nazareth mit Maria auf den Weg nach Bethlehem, in die Stadt Davids, denn er ist aus dem Hause David. *(Maria und Josef kommen nach vorne.)*

Dort will er sich mit Maria eintragen lassen. Maria aber erwartet ein Kind. Als sie nach Bethlehem kommen, suchen sie ein offenes Haus, wo sie schlafen können, wo es warm ist, wo sie Ruhe finden. *(Maria und Josef klopfen an die erste Tür. ♫ Trommel)*

HAUSBESITZER 1 *(mit barschem Ton)*: „Ja, was ist denn?"

JOSEF: „Haben Sie ein Bett für uns zum Übernachten? Wir sind weit gelaufen, und meine Frau ist müde."

HAUSBESITZER 1: „Oh, heute habe ich keine Zeit. Ich habe sehr viel zu tun. Ich stecke mitten in der Arbeit. *(Schlägt die Tür zu. ♫ Trommel)*

(Maria und Josef gehen weiter und klopfen an die zweite Tür. ♫ Trommel)

HAUSBESITZER 2: „Was wollen Sie?"

JOSEF: „Können wir heute hier übernachten? Wir suchen eine Unterkunft?"

HAUSBESITZER 2: „Sind Sie angemeldet? Da haben Sie Pech. Ohne Planung geht hier nichts, wo sowieso gerade so viele Leute in der Stadt sind." *(Schlägt die Tür zu. – ♫ Trommel)*

(Maria und Josef gehen weiter und klopfen an die dritte Tür. ♫ Trommel)

HAUSBESITZER 3: „Was kann ich für euch tun?"

JOSEF: „Wir suchen ein Haus zum Übernachten. Meine Frau bekommt ein Kind. Wir sind müde."

HAUSBESITZER 3: „Bei mir ist kein Platz mehr im Haus. Alle Betten sind belegt. Aber ich habe noch einen Stall. Vielleicht könnt Ihr ja dort übernachten? Kommt mit, ich zeige euch eure Unterkunft."

(Hausbesitzer führt Maria und Josef zum Ort, wo das Kind liegen soll (= Stroh); Maria und Josef setzen sich. Der Hausbesitzer tritt ab.)

Hier finden sie, was sie gesucht haben. Ruhe und Frieden.

In dieser Nacht wird von Maria das Kind geboren. ♫ *Becken*

(Maria hält das Jesuskind hoch, so dass es jeder sehen kann.)

Maria und Josef wickeln es in Windeln.

Diese Nacht ist eine besondere Nacht. Es ist eine Heilige Nacht. Denn Jesus Christus, unser Heiland, unser Retter, unser Erlöser ist auf die Welt gekommen. ♫ *Becken*

▼

Lichterprozession

Die Kirche wird verdunkelt. Nur die Kerzen am Christbaum und am Mittelbild leuchten. Zum folgenden Lied ziehen Maria und Josef begleitet von Kindern mit Lichtern durch die Kirche.

Lied: Stille Nacht (Tr 484)

Die Kirche wird wieder etwas erhellt. Das Kind wird in die Krippe gelegt. Maria und Josef setzen sich zur Krippe. Die Kerzen werden um die Krippe gestellt.

▼

Hirten setzen sich um ein Lagerfeuer.

In jener Gegend lagerten Hirten auf freiem Feld und hielten Nachtwache bei ihren Herden.

Ein Engel kommt mit Kerze in der Hand.

Da trat der Engel des Herrn zu ihnen. Und der Glanz des Herrn umstrahlte sie. ♫ *Flötenmusik*

ENGEL: „Fürchtet euch nicht, denn ich verkünde euch eine große Freude. Heute ist euch in der Stadt Davids der Retter geboren, Christus, der Herr und Heiland. Und das soll euch zum Zeichen sein. Ihr werdet ein Kind finden, das in Windeln gewickelt in einer Krippe liegt." ♫ *Flötenmusik*

Und auf einmal kamen noch viele Engel vom Himmel herab, es wurde ganz hell. *Engel mit Kerzen kommen.*

ENGEL *(singen mehrmals nach der Melodie des Gloria von F. Schubert):* „Ehre, Ehre sei Gott in der Höhe, Friede den Menschen auf Erden."

Die Engel stellen ihre Kerzen zur Krippe und verlassen die Szene.

Lied: Engel begleiten, Str. 5 (Nr. 9)

Als die Engel sie verlassen hatten, sagten die Hirten zueinander.

HIRTE 1: „Kommt, lasst uns nach Bethlehem gehen und schauen, was uns verkündet wurde."

HIRTE 2: „Wir wollen Jesus sehen und ihn anbeten."

HIRTE 3: „Ich freue mich, dass er endlich geboren wurde. Kommt, lasst uns gehen."

Hirten laufen zum Stall. Dazu: ♫ *Xylophon*

So eilten sie nach Bethlehem, um das Kind zu sehen, auf das sie schon so lange gewartet haben. ♫ *Xylophon – Hirten knien vor der Krippe nieder.*

Und sie fanden Maria, Josef und das Kind, das in der Krippe lag. Im Stall war so eine Ruhe und so ein Frieden, dass die Hirten davon ergriffen wurden und ihre alltäglichen Sorgen auf einmal nicht mehr ihre Gedanken bestimmten. ♫ *Flötenmusik*

Alle SpielerInnen gehen auf ihre Plätze zurück.

▼ **Lichtertanz**

Die Kirche wird verdunkelt. Zum Lied „Mitten in der Nacht“ (R. Zuckowski) tanzen die Engel mit Kerzen einen Lichtertanz. Anschließend werden die Kerzen zur Krippe gestellt.
Die Kirche wird wieder etwas erhellt.

▼ **Anbetung**

Jesus, du liegst als kleines Kind in der Krippe. Als du geboren wurdest, haben Engel voll Freude verkündet: Friede den Menschen auf Erden. So wollen wir dich jetzt anbeten und dir unsere Bitten sagen.
Während alle Kinder nach vorne kommen und sich in einem großen Kreis um die Krippe stellen, singen wir:

Lied: Ihr Kinderlein, kommet

Nach jedem Anbetungsteil singen wir:
Lied: Schenk uns Frieden, Herr, alle Zeit – schenk uns Frieden alle Zeit. *(Nach der Melodie: Kum ba yah my Lord, Tr 998)*

- Jesus, von dir geht so viel Frieden aus. Schenke deinen Frieden allen Kranken und Armen.
- Jesus, von dir geht so viel Frieden aus. Schenke deinen Frieden allen Menschen im Krieg.
- Jesus, von dir geht so viel Frieden aus. Schenke deinen Frieden allen, die im Streit leben.
- Jesus, von dir geht so viel Frieden aus. Schenke deinen Frieden allen, die heute traurig und allein sind.

▼ **Vaterunser**

In dieser Heiligen Nacht wollen wir mit frohem Herzen beten, wie es uns Jesus selbst gelehrt hat: Vater unser ...

▼ **Friedensgruß**

Friede den Menschen auf Erden – so haben die Engel den Hirten auf dem Feld gesungen. Schenke diesen Frieden, der von dir ausgeht, unseren Familien, unserer Gemeinde, unserem Land und der ganzen Welt.
Fassen wir uns an den Händen und bitten wir im Lied um diesen Frieden.

Lied: Friedenslied (Nr. 11)

Der Friede des neugeborenen Herrn sei allezeit mit euch!

Schlussteil

Schlussgebet

Guter Gott, du hast deine Engel zu den Menschen gesandt.
Sie sagen: Euer Leben wird gut.
Euch ist der Heiland, der Retter, geboren.
Jesus ist das Licht der Welt.
Er ist unser Friede und macht uns heil.
Lass uns von Engeln erfahren,
dass du uns ganz nahe bist.
Mit dir gelingt unser Leben.
Heute an Weihnachten
und an jedem Tag in unserem Leben.
Amen.

Segen und Verabschiedung

Gott ist zu uns gekommen als kleines Kind in der Krippe.
Bleibe bei uns, wenn wir jetzt nach Hause gehen und weiter feiern.
Bleibe bei uns in unseren Familien.
Bleibe bei uns auf unserem Lebensweg.
Bleibe bei uns mit deinem Licht und deinem Frieden.
So segne und behüte uns der gute und liebende Gott, der Vater, der Sohn und der Heilige Geist. Amen.

Schlusslied: O du fröhliche (z.B. Tr 485)

Festlicher Auszug

Weihnachtsfeier mit kleinen Gruppen

Anlass/Themenkreis	Weihnachten, Fest der Geburt des Herrn
Ziel	Die Kinder erleben die Weihnachtsgeschichte am eigenen Leib
Vorbereitungen	Kinder werden mit verschiedenen Methoden (Bilderbuch, Rollenspiel) in die einzelnen Geschehnisse um die Geburt Jesu eingeführt Orte der Geburtsgeschichte werden vorbereitet (vgl. Skizze) Ohren für Tiere in der Geschichte basteln, Flügel für Engel Sterne an Stöcke kleben, Weihnachtsstern basteln
Weitere Materialien	Gewänder für Spielkinder (Kaiser Augustus, Bote, Maria, Josef, Wirt 1, Wirt 2, Wirt 3, Ochs, Esel, 3 Hirten, Schäfchen, 3 Engel) Krone für Augustus, Schriftrolle für Bote, Hüte und Stöcke für Hirten, Flöten für Engel Jesuskind als Puppe unter Gewand von Maria Kerzen für Lichtertanz Krippe mit Heu und Figuren Orffinstrumente: Becken, Trommel, Flöte, Triangel

Gottesdienstübersicht

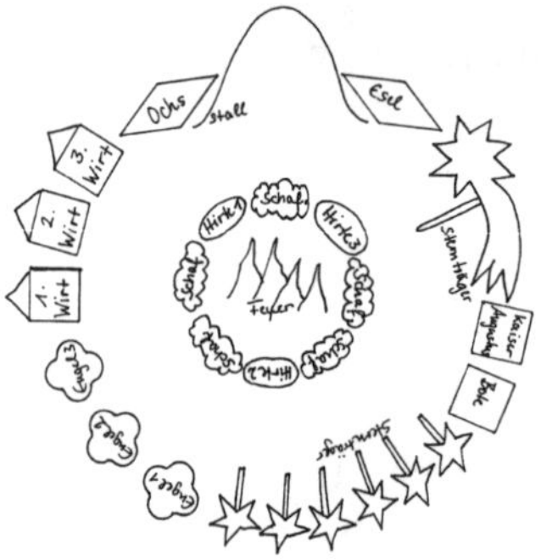

Hinführung

Biblische Geschichte – Evangelium:
Die Geburt Jesu
(Lk 2,1–18)

Lichtertanz

Aufbau der Krippe

Gemeinsames Essen

Bescherung

Feierverlauf

Lied: Wir sagen euch an, Str. 1–4 (GL 115)
Während des Liedes werden die vier Kerzen am Adventskranz angezündet und von je einem Kind im Kreis getragen.

▼

Hinführung

Die ganze Adventszeit über haben wir uns auf das Weihnachtsfest vorbereitet, auf den Geburtstag von Jesus. Bald feiern wir dieses große Fest in der Kirche und zu Hause in der Familie. Heute schon wollen wir von Jesu Geburt hören. Einige Kinder haben diese Geschichte für uns alle eingeübt, damit wir sie jetzt miteinander erleben können.

▼

Frohe Botschaft

Lied: In den Gedanken und Worten mein (Nr. 14)

Weihnachtsgeschichte
Die Geschichte wird von Kindern gespielt. Texte werden soweit möglich von den Kindern gesprochen. Erwachsene untermalen die Geschichte mit Orffinstrumenten und Flöte. Alle Spielkinder setzen sich auf ihre vorbereiteten Plätze.

Vor langer, langer Zeit regierte in Rom der mächtige Kaiser Augustus. Er wollte eines Tages wissen, wie viele Menschen in seinem Reich leben. Darum rief er einen Boten zu sich und gab ihm folgenden Auftrag: ♫ *Beckenschlag*

KAISER: „Geh durch das ganze Land und sage allen Leuten, dass sie in die Stadt gehen sollen, in der sie geboren sind. Ich will alle Leute zählen lassen. Sie sollen sich in ihrer Heimatstadt in Listen eintragen lassen."

So ging der Bote durch das ganze Land und verkündete, was ihm der Kaiser gesagt hatte: ♫ *Trommelschläge*

BOTE *(mit Schriftrolle in der Hand)*: „Jeder muss in die Stadt gehen, in der er geboren wurde. Dort sollt ihr eure Namen aufschreiben lassen. Der Kaiser will euch zählen."

Der Bote kam auch in die Stadt Nazaret, wo Maria und Josef wohnten. Auch dort verkündete er seine Botschaft.
♫ *Trommelschläge*

BOTE: „Jeder muss in die Stadt gehen, in der er geboren wurde. Dort sollt ihr eure Namen aufschreiben lassen. Der Kaiser will euch zählen."

Die Stadt ihrer Familie hieß Bethlehem und war sehr weit von Nazareth entfernt. Maria und Josef packten Windeln für ihr Kind und etwas zu Essen für unterwegs ein und machten sich auf den weiten Weg. Der Weg war sehr schwer. Er führte über Berge und steiniges Land. Er führte durch dunkle Schluchten. Am Tag war es sehr heiß und nachts war es bitterkalt. Der Weg war sehr weit, und sie wurden schrecklich müde dabei. Vor allem Maria, denn sie erwartete ein Kind.

Flötenmusik während Maria und Josef laufen

MARIA: „Wann sind wir denn endlich da, Josef?"

JOSEF: „Bald, Maria. Da hinten sehe ich schon Lichter der Stadt Bethlehem."

Spät am Abend kamen Maria und Josef in Bethlehem an. Sie suchten ein Zimmer für die Nacht und klopften am ersten Gasthaus an:

♫ *Trommel als Klopfzeichen*

JOSEF: „Wir suchen ein Zimmer zum Übernachten. Können wir hier bleiben?"

WIRT 1: „Nein. Ich hab keinen Platz für euch. Alle Betten sind belegt. Geht weiter!" ♫ *Trommel*

MARIA: „Ich bin so müde. Ich kann nicht mehr."

JOSEF: „Wir versuchen es beim nächsten Haus, Maria."

Sie klopften beim nächsten Haus an. ♫ *Trommel als Klopfzeichen*

JOSEF: „Wir suchen ein Zimmer zum Übernachten. Können wir hier bleiben?"

WIRT 2: „Nein. Ich hab keinen Platz für euch. Alle Betten sind belegt. Geht weiter!" ♫ *Trommel*

MARIA: „Ich bin so müde. Ich kann nicht mehr."

JOSEF: „Wir versuchen es beim nächsten Haus, Maria."

Sie probierten es beim nächsten Gasthaus und hofften, dass sie diesmal Glück hatten. ♫ *Trommel*

JOSEF: „Wir suchen ein Zimmer zum Übernachten. Können wir hier bleiben?"

WIRT 3: „Alle Betten sind belegt. Aber ich habe einen Stall. Da ist es warm und trocken.Wenn ihr wollt, könnt ihr dort übernachten."

Wie froh war Maria. Sie fühlte nämlich, dass ihr Kind in dieser Nacht zur Welt kommen würde.
Der Wirt führte sie zum Stall. Maria und Josef bedankten sich bei ihm. Im Stall waren schon Ochs und Esel, die in ihrer Sprache die beiden begrüßten: „Muh, Ih Ah."
Josef machte für Maria ein Bett aus Stroh:
JOSEF: „Darauf wirst du gut schlafen können."
MARIA: „Danke, Josef, und gute Nacht."
Dann legten sie sich hin. Denn sie waren sehr müde. Es wurde still im Stall. Es war Nacht in Bethlehem. Auch der Ochse und der Esel wurden still und schliefen schließlich ein.
Flötenmusik:
Diese Nacht ist eine besondere Nacht. Es ist eine heilige Nacht. In dieser stillen dunklen Nacht hat Maria ihr Kind zur Welt gebracht. Sie nimmt es in ihre Arme und küsst es. Sie wickelt es in Windeln und legt es in die Futterkrippe.

Lied: Stille Nacht (GL 145)

In dieser Nacht waren in der Nähe Hirten auf dem Feld. Sie hüteten ihre Schafe. Hirten wohnen unter freiem Himmel. Sie liegen auf der Erde, wenn sie schlafen, und manchmal zünden sie ein Feuer an, wenn die Nacht kalt ist. In dieser Nacht schliefen die Hirten nicht. Sie unterhielten sich miteinander:
HIRTE 1: „Wann kommt er denn endlich, der Retter der Welt."
HIRTE 2: „Ja, wir warten schon lange auf ihn."
HIRTE 3: „Ich kann es schon gar nicht mehr abwarten."

Plötzlich erschraken sie. ♫ *Becken*
Denn es war, als finge die Sonne an zu scheinen. So hell wurde es. Der Himmel leuchtete. ♫ *Becken*
Tausende von Sternen erhellten die Nacht. *Kinder mit Sternen laufen im Kreis. Dazu: Flötenmusik*
Aus dem Licht kam ein Engel und sprach:
ENGEL 1: „Fürchtet euch nicht. Ich bringe euch eine große Freude. Heute Nacht ist in Bethlehem ein Kind geboren. Jesus, unser Heiland. Geht nach Bethlehem. Dort findet ihr das Kind. Es liegt in einer Futterkrippe."
Gleich darauf kamen noch mehr Engel. Sie musizierten *(Flöte)* und

sangen dazu ein wunderschönes Lied: „Ehre, Ehre sei Gott in der Höhe, Friede den Menschen auf Erden“ *(nach „Ehre“ aus der Schubert-Messe).*
Dann schwebten die Engel wieder in den Himmel. Ganz still war es plötzlich auf der Weide. Die Hirten sagten zueinander:
Hirte 1: „Kommt, lasst uns nach Bethlehem gehen.“
Hirte 2: „Wir wollen das Kind anschauen.“
Hirte 3: „Wir bringen ihm gute Wünsche mit.“
So eilten die Hirten nach Bethlehem, um das Kind anzuschauen, auf das sie so lange gewartet hatten. *Flötenspiel, während die Hirten laufen.*
Da sahen sie einen Stern am Himmel. Einen besonderen Stern. Den Weihnachtsstern. *(Kind hält Weihnachtsstern hoch.)* Er stand über dem Stall und zeigte den Hirten den Weg zur Krippe. ♫ *Triangel*
Nach einiger Zeit kamen die Hirten nach Bethlehem und fanden den Stall. Sie sahen Maria und Josef. Und das Kind lag in der Krippe, wie der Engel es gesagt hatte.
Da knieten sich die Hirten nieder und beteten das Kind an:
Hirte 1: „Lieber Jesus, wir sind froh, dass du da bist.“
Hirte 2: „Du schenkst uns Freude.“
Hirte 3: „Ich hab dich gern.“
Die Hirten freuten sich über das Kind. Voller Freude machten sie sich wieder auf den Heimweg. ♫ *Flötenspiel, während die Hirten laufen.*

Lied: Alle Jahre wieder

Lichtertanz

▼

Weil Jesus für uns auf die Welt gekommen ist und uns das Licht Gottes gebracht hat, wollen wir sein Licht im Tanz in die Dunkelheit tragen. *Einige Kinder tanzen mit Kerzen zu meditativer Musik*

Aufbau der Krippe

▼

Wir haben nun miteinander die Geburtsgeschichte von Jesus erlebt. Nun bauen wir die Krippe auf, die uns in der Weihnachtszeit immer daran erinnern soll.
Kinder bringen Figuren, Heu und Stroh und schmücken die Krippe.

Lied: O du fröhliche

▼

Die Kinder setzen sich an weihnachtlich geschmückte Tische und essen miteinander.

▼

Gemeinsames Essen

Bescherung

Jesus begleitet uns durch das neue Jahr

Anlass/Themenkreis

Neujahr, Jubiläumsgottesdienst

Ziel

Kinder sollen erfahren, dass uns Jesus auf unserem Lebensweg begleitet

Vorbereitungen

Mit den Kindern wird das Evangelium geprobt
In der Mitte liegt bereits ein aus Tüchern (weiß, blau, gelb, rot, gelb, grün, braun) gelegter Weg in Kreisform

Weitere Materialien

Bibel
Christus-Ikone, Jesuskerze
Kleidung für Spielkinder (Jesus, Freunde, Leute, Frauen, Kinder)
Puppe, Taufkleid, Puppenstühle, -tisch, Püppchen, Kindergartentasche, Buch, Tafel, Mäppchen, Spiel, Ball, Sandförmchen, Werkzeug
7 gelbe Tonpapierstreifen als Sonnenstrahlen
Orffinstrumente: Xylophon, Becken, Trommel, Triangel

Gottesdienstübersicht

Katechese 1 – Hinführung zu Jesus

Evangelium: Jesus segnet die Kinder (Mk 10,13–16)

Katechese 2 – Lebensweg

Gebet

Gottesdienstverlauf

Lied: Gottes Liebe ist so wunderbar (Liederbuch zum Umhängen I, Nr. 32)

▼

Begrüßung und Hinführung

Ein neues Jahr hat angefangen. Vielleicht habt ihr es schon entsprechend begrüßt. Mit einem Feuerwerk oder Wunderkerzen ... „Prost Neujahr" sagt man sich heute. Das heißt auf Deutsch eigentlich: Das Jahr soll dir nützen. So wollen wir dieses neue Jahr ganz bewusst anfangen, damit es uns allen nützen möge.
Auch wenn das, was kommt, noch ungewiss ist. Eines wissen wir: Jesus ist bei uns. Er geht mit uns. Er meint es gut mit uns.

▼

Kreuzzeichen

Im Vertrauen auf Jesu Weggemeinschaft und auf Gottes Schutz beginnen wir diesen Gottesdienst und beten gemeinsam:
Im Namen des Vaters ...

▼

Katechese 1

Den Kindern wird eine Christus-Ikone gezeigt und in die Mitte auf Tücher gelegt. Die Kinder werden gefragt, was sie über Jesus wissen.

Lied: Eines Tages kam ein junger Mann (Nr. 8)

▼

Frohe Botschaft

Hinführung zum Evangelium
Aus der Bibel erleben wir nun eine Geschichte, in der wir spüren, wie lieb Jesus die Kinder und alle Menschen hat.

Lied: In den Gedanken und Worten mein (Nr. 14)
Dazu Bibel und Jesuskerze im Kreis tragen und in die Mitte zur Ikone stellen.

Evangelium
Das Evangelium wird von Kindern gespielt, von Erwachsenen gelesen und mit Orffinstrumenten untermalt.

Jesus zog mit seinen Freunden durch Dörfer und Städte.
♫ *Xylophon*

Überall, wohin Jesus kam, öffneten die Menschen ihre Fenster und ihre Türen. ♫ *Becken*
Sie kamen aus ihren Häusern heraus, um Jesus zu erleben, um ihn zu hören, zu sehen, zu spüren. ♫ *Becken*
Sie hörten Jesus zu, wenn er von Gott erzählte.
JESUS: „Unser Gott ist ein guter Vater. Er liebt uns. Er ist wie ein guter Hirte. Er lässt uns nicht im Stich. Er will, dass wir voll Freude sind. Er ist ein Gott der Freude."
MENSCH 1: „Was Jesus sagt, das macht mich froh. Jesus gibt mir Mut zum Leben." ♫ *Becken*

Lied: Eines Tages kam ein junger Mann (Nr. 8)

Die Menschen schauten Jesus an, denn sie spürten:
MENSCH 2: „Wenn ich Jesus anschaue, spüre ich, dass er die Wahrheit spricht. Das, was er sagt, tut gut. Es kommt aus seinem Herzen." ♫ *Becken*

Lied: Eines Tages kam ein junger Mann (Nr. 8)

Die Menschen wollten Jesus berühren, denn sie spürten:
MENSCH 3: „Von Jesus geht eine Kraft aus, die gut tut, die heilt." ♫ *Becken*

Lied: Eines Tages kam ein junger Mann (Nr. 8)

Einmal war Jesus müde. Er ging mit seinen Freunden an einen einsamen Ort. ♫ *Xylophon*
Da kamen Frauen mit ihren Kindern. Sie wollten ihre Kinder, ihr Liebstes, was sie hatten, zu Jesus bringen. Sie wollten, dass auch ihre Kinder diesen Jesus anhören, anschauen und berühren können. Sie wollten, dass ihre Kinder diesen Jesus kennen lernen. Die Freunde von Jesus aber hielten diese Frauen ab. ♫ *Trommel*
Sie wollten sie wieder heimschicken.
FREUND 1: „Heute könnt ihr nicht zu Jesus gehen!" ♫ *Trommel*
FREUND 2: „Er ist heute sehr müde. Er war schon lange unterwegs!" ♫ *Trommel*
FREUND 3: „Geht wieder heim mit euren Kindern!" ♫ *Trommel*
Jesus hört das und sagt:
JESUS: „Was sagt ihr da? Lasst doch die Kinder zu mir kommen. Verwehrt es ihnen nicht, denn ihnen gehört das Himmelreich." ♫ *Triangel*

So gehen die Frauen mit ihren Kindern ganz nahe zu Jesus. Jesus tut etwas sehr Schönes. Er umarmt die Kinder. Dann legt er ihnen die Hände auf und segnet sie. *Jesus segnet jedes Kind.*
Dazu singen wir:

Lied: Kindermutmachlied (Tr 929)

▼

Wir haben in der Geschichte erlebt, wie gern Jesus die Kinder hat. Obwohl er müde war, hat er sie zu sich gerufen und sie gesegnet. Darum dürfen wir auch heute, am Beginn des neuen Jahres, und an allen Tagen unseres Lebens darauf vertrauen, dass Jesus uns gern hat, dass er unseren Weg mit uns geht, dass er da ist, wo wir sind und leben.

Verschiedene Lebenssituationen werden dargestellt:

Geburt
Ein Kind trägt eine Puppe im Kreis und legt sie auf das weiße Tuch des Weges.
Wir dürfen darauf vertrauen, dass Jesus seit unserer Geburt bei uns ist, weil Gott ja zu uns gesagt hat und uns gewollt hat. *Kind legt einen gelben Sonnenstrahl von der Ikone zur Puppe.*

Bitte
Jesus, wir bitten dich, lass die Eltern bei der Geburt spüren, dass du unser Leben von Anfang an begleitest.

Lied: Ich wünsche mir gar sehr, Refr. (Nr. 12)

Taufe
Ein Kind trägt ein Taufkleid im Kreis und legt es auf das blaue Tuch des Weges.
Eure Eltern haben bei eurer Taufe ganz bewusst die Gemeinschaft mit Jesus gesucht, indem sie euch in seinem Namen taufen ließen. *Kind legt einen gelben Sonnenstrahl von der Ikone zum Taufkleid.*

Bitte
Jesus, wir bitten dich, schenke allen Eltern die Bereitschaft, ihr Kind im christlichen Glauben zu erziehen.

Lied: Ich wünsche mir gar sehr, Refr. (Nr. 12)

Familie

Kinder tragen Puppentisch und Stühle mit kleinen Puppen als Familie im Kreis und legen sie auf das gelbe Tuch des Weges.

Jesus ist da in unseren Familien. Er will, dass wir nach seinem Vorbild leben und handeln. *Kind legt einen gelben Sonnenstrahl von der Ikone zur Familie.*

Bitte

Jesus, wir bitten dich, schenke allen Familien die Bereitschaft, nach deinem Vorbild zu leben.

Lied: Ich wünsche mir gar sehr, Refr. (Nr. 12)

Kindergarten

Ein Kind trägt eine Kindergartentasche im Kreis und legt sie auf das rote Tuch des Weges.

Auch im Kindergarten ist Jesus bei uns, wenn wir von ihm hören, wenn wir miteinander feiern und gut miteinander umgehen. *Kind legt einen gelben Sonnenstrahl von der Ikone zur Kindergartentasche.*

Bitte

Jesus, wir bitten dich, lass uns dich immer mehr kennen lernen, wenn wir im Kindergarten von dir hören, miteinander feiern und spielen.

Lied: Ich wünsche mir gar sehr, Refr. (Nr. 12)

Schule

Kinder tragen ein Buch, eine Tafel und ein Mäppchen im Kreis und legen sie auf das gelbe Tuch des Weges.

Jesus ist in der Schule bei uns, wenn wir lernen, uns gegenseitig helfen und gut miteinander umgehen. *Kind legt einen gelben Sonnenstrahl von der Ikone zur Schule.*

Bitte

Jesus, wir bitten dich, lass uns dich in der Klassengemeinschaft spüren.

Lied: Ich wünsche mir gar sehr, Refr. (Nr. 12)

Freizeit

Kinder tragen ein Spiel, einen Ball und Sandförmchen im Kreis und legen sie auf das grüne Tuch des Weges.

Jesus ist in unserer Freizeit bei uns, wenn wir miteinander spielen und froh sind. *Kind legt einen gelben Sonnenstrahl von der Ikone zur Freizeit.*

Bitte

Jesus, wir bitten dich, lass uns dich auch in der Freizeit nicht vergessen.

Lied: Ich wünsche mir gar sehr, Refr. (Nr. 12)

Arbeit

Ein Kind trägt Werkzeug im Kreis und legt es auf das braune Tuch des Weges.

Jesus ist auch an dem Ort, wo wir arbeiten und unser Geld verdienen. *Kind legt einen gelben Sonnenstrahl von der Ikone zur Arbeit.*

Bitte

Jesus, wir bitten dich, hilf uns, unsere Arbeit in deinem Sinne zu tun.

Lied: Ich wünsche mir gar sehr, Refr. (Nr. 12)

Jesus ist immer bei uns, wenn wir nach seinem Vorbild leben. Da, wo Jesus ist, ist es hell. Von ihm geht Licht und Wärme aus, wie wir an unserem Bild sehen. Sonnenstrahlen gehen von Jesus aus und scheinen in alle Bereiche unseres Lebens.

Vaterunser

▼

Im Vertrauen darauf, dass Jesus in diesem neuen Jahr bei uns ist, beten wir, wie er es uns gelehrt hat:

Vater unser im Himmel …

Friedensgruß

▼

Mit dem Friedensgruß wollen wir unsere Bereitschaft zum Frieden in diesem Jahr deutlich machen. Geben wir uns jetzt die Hände, und denken wir daran, dass wir nur gemeinsam und friedvoll einer guten Zukunft entgegengehen können. Im Lied wollen wir darum bitten, dass uns das gelingt.

Lied: Gib uns Frieden jeden Tag (Tr 284)

Schlussteil

▼

Schlussgebet

Jesus, du bist immer bei uns.
Du gehst mit uns auf unseren Wegen.
Da, wo du bist, geht es uns gut.
Da, wo du bist, ist es hell und schön.
Wir bitten dich:
Lass uns immer wieder spüren,
dass du da bist und uns liebst.
Lass uns nach deinem Vorbild leben.
Amen.

Segen und Verabschiedung

Lied: Halte zu mir, guter Gott (Liederbuch zum Umhängen I, Nr. 39)

Drei Könige machen sich auf den Weg zu Jesus

Anlass/Themenkreis

Fest Erscheinung des Herrn,
Epiphanie (6. Januar)

Ziel

Kinder sollen erfahren, dass man auf äußere Zeichen und „innere Stimmen“ hören soll, um zu Jesus zu finden

Vorbereitungen

Drei Kinder werden in ihre Spielrolle eingeführt

Weitere Materialien

Bibel
Braune, grüne, blaue, gelbe Tücher
Bausteine für Häuser
Wegweiser, Ortsschilder:
Himmelstadt, Tonstadt, Hörstadt
Kreuz
Drei Figuren: Verbus, Asterius, Cantus
Blockflöte
Stern
Jesuskind
Teelichter oder Kerzen

Gottesdienstübersicht

Aufbau der Landschaft

Geschichte: Drei Menschen auf dem Weg des Lebens

Evangelium: Die Heiligen Drei Könige kommen zur Krippe
(Nach Mt 2,1–12)

Prozession mit Lichtritus

Gebet

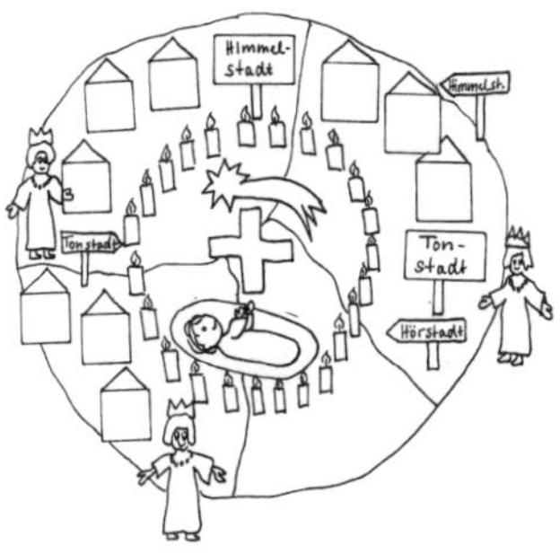

Gottesdienstverlauf

Lied: Seht, die gute Zeit ist nah (Liederbuch zum Umhängen I, Nr. 81)

Begrüßung und Hinführung

▼

Ich begrüße euch ganz herzlich zu unserem Gottesdienst heute am Dreikönigstag. Wir feiern immer noch Weihnachten, also dass Jesus geboren wurde. Er hat mit seinem Licht unsere Welt hell gemacht. Darüber freuen wir uns so sehr, dass wir noch einmal mit Jesus feiern wollen. Es ist schön, wenn er zu uns kommt, und es ist schön, wenn wir zu ihm gehen.

Kreuzzeichen

▼

Wie immer, wenn wir uns um Jesus versammeln, beginnen wir mit dem Kreuzzeichen, das wir jetzt wieder über uns zeichnen und dabei gemeinsam beten:
Im Namen des Vaters …

Katechese

▼

Es gibt ganz viele Zeichen in unserer Welt, die uns an etwas erinnern.
Kinder sagen jeweils, was sie mit den Symbolen und Tüchern verbinden.
Braune Tücher für Erde, grüne für Wiesen, blaue für Wasser, gelbe für Felder werden gezeigt, besprochen und als Landschaft in die Mitte gelegt.
Neben der Landschaft, die wir nun in unserer Mitte haben, gibt es noch viele andere Dinge in unserer Welt.

Kinder bauen verschiedene Häuser aus Bausteinen in drei verschiedenen Ecken der Landschaft auf.
Häuser zeigen uns, wo die Menschen wohnen und wie sie leben. An ihnen können wir ablesen, ob reiche Menschen oder arme in diesen Häusern wohnen.

Weitere Zeichen sind die Ortsschilder. Sie sagen uns den Namen einer Stadt, und mit Hilfe von Wegweisern können wir die Dörfer und Städte in unserem Land finden.

Wegweiser und Ortsschilder (Himmelstadt, Tonstadt, Hörstadt) werden in die Landschaft gelegt.

Das Kreuzzeichen, das wir gerade gemacht haben, erinnert uns an Jesus und an alles, was wir von Jesus wissen.
Kreuz wird in die Mitte gestellt oder gelegt.
Kinder sagen, was sie schon alles von Jesus wissen: Geburt in Bethlehem usw.
Ja, wir wissen vieles von Jesus.
Aber früher, als Jesus gerade geboren war, wussten die Menschen in unseren drei Städten natürlich noch nichts von ihm. Nur ein paar Leute träumten von dem Gottessohn, der geboren wurde, und hofften, dass er alle Menschen zufrieden machen kann.
Alle drei Personen unserer Geschichte waren einfache Leute. Aber die Menschen in der Stadt nannten jeden von ihnen „König“, weil sie innerlich so reich wie Könige waren. Denn sie waren ganz zufrieden mit dem, was sie hatten, und kamen mit allen Menschen in der Stadt gut aus.

▼

Geschichte: Drei Menschen auf dem Weg des Lebens

Verbus war ein Lehrer. *Figur wird im Kreis getragen und nach Hörstadt gestellt.* Er lebte in Hörstadt. Vielen Menschen hat er das gelehrt, was sie zum Leben brauchten. Das Lesen und Schreiben, das Rechnen und Malen. Aber er half auch immer dort, wo Menschen in Not geraten waren, mit seinen Geschichten, die er erfand und den Leuten erzählte. Meistens steckte in den Geschichten von Verbus eine ganz tiefe Wahrheit. Oft hat er von einer guten Welt erzählt, die kommen kann, wenn alle Menschen gut miteinander umgehen und ihre Sachen miteinander teilen.

Asterius lebte in Himmelstadt. *Figur wird im Kreis getragen und nach Himmelstadt gestellt.* Von Beruf war er Naturforscher. So hat er den Menschen erzählt, dass sich das Wasser zu Dampf verwandeln kann, wenn man es auf einem Feuer ganz heiß macht, oder welchen Weg die Sterne am Himmel gehen. Manche Leute in der Stadt sagten, dass Asterius ein Spinner ist, den man nicht ganz ernst nehmen kann. Aber das war ihm egal. Er lebte trotzdem ganz glücklich in seiner Stadt.

Unser dritter König heißt Cantus. Er war ein Liedermacher und versuchte, mit seinen frohen Liedern alle Menschen zu erfreuen. *Figur wird im Kreis getragen und nach Liedstadt gestellt.* Die Menschen und vor allem die Kinder hörten ihm gerne zu, wenn er Konzerte machte und seine neuen Lieder vorgesungen hat. Meistens hat er das auf dem Marktplatz der Stadt getan, damit möglichst viele Leute zuhören konnten. Dazu hat er wunderbare Töne auf seiner Flöte gespielt. Töne, die von einer tiefen Sehnsucht erzählten und die Bewohner zum Nachdenken brachten.

Melodie wird auf Blockflöte gespielt.
CANTUS *(von einem Kind gesprochen) spricht:*
„Immer wieder höre ich in meinem Herzen diese Melodie, die ich spiele. Sie erzählt mir von einer ganz guten Welt, weil Gott den Frieden für alle Menschen und Völker gebracht hat. Diese Melodie kommt nicht aus mir heraus, sondern von ganz weit höre ich sie in mir erklingen. Ich will mich aufmachen und dieser Melodie nachgehen, bis ich sie finde."
Cantus steht auf, nimmt die Figur aus Liedstadt und geht der Melodie nach im Raum herum, bis sie verklingt. Dann stellt er die Figur nahe zum Kreuz in der Landschaft.

Ein Stern an einer Schnur wird hochgehoben (z.B. Martinslaterne)
ASTERIUS *(von einem Kind gesprochen) spricht:*
„Dieser eine Stern: Er weckt in mir ganz tiefe Gefühle. Denn weder den Zeitpunkt seines Erscheinens, noch den Lauf seiner Bahn kann ich berechnen. Manchmal ist er da, und ich sehe ihn ganz deutlich, dann ist er wieder lange Zeit nicht sichtbar. Dieser Stern hat etwas ganz besonderes an sich. Ich mache mich jetzt einfach auf den Weg und gehe ihm nach."
Asterius, mit der Figur aus Sternstadt, läuft dem Stern hinterher durch den Raum, dann stellt er sie in die Mitte zum Kreuz.

Eine unsichtbare Stimme liest leise:
„Es war einmal, vor langer langer Zeit, als die Erde noch ganz jung war und alle Menschen in Frieden zusammenlebten."
VERBUS *spitzt die Ohren, steht auf und spricht:*
„Hört ihr auch immer wieder diese Worte voller Wahrheit? Tief in meinem Inneren entstehen Geschichten, die mir sagen, dass ich

mich auf den Weg machen muss, damit ich die Wahrheit meines Lebens finde. Ich will mich auf den Weg machen, damit es nicht zu spät wird."

Unsichtbare Stimme spricht leise und immer wieder:

„Es war einmal, vor langer Zeit, als die Erde noch ganz jung war und alle Menschen in Frieden zusammenlebten."

Verbus läuft, mit der Figur aus Hörstadt, mit gespitzten Ohren im Raum, bis er sie in die Mitte zu den anderen Figuren stellt.

Die drei Kinder nehmen wieder ihre Figuren auf und beginnen folgendes Gespräch:

VERBUS:

„Seid gegrüßt ihr zwei. Was führt euch hierher zu dieser Wegkreuzung?"

ASTERIUS:

„Ein Stern hat mich hierher geführt. Ich habe ihn aufgehen sehen in meiner Heimatstadt und konnte ihn nicht deuten. Deshalb habe ich mich auf den Weg gemacht, um ihm nachzugehen, damit er mich an mein Ziel bringt."

Stern wird hochgehalten und in die Mitte gelegt.

CANTUS:

„Bei mir war es eine wunderschöne Melodie. Immer wieder höre ich sie in mir. Es ist das Lied meiner tiefsten Sehnsucht. *Melodie wird auf Flöte gespielt.* Wer dieses Lied singt, ist der Herr der Welt. Und ich will ihn finden, das Ziel meines Lebens."

VERBUS:

„Genauso war es bei mir. Eine Geschichte, eine wunderbare Geschichte hat mich hierher geführt. Sie erzählt von Liebe und Freundschaft unter allen Menschen. Überall auf der Erde herrscht Friede, und Gott wohnt in meiner Geschichte ganz bei den Menschen."

Und so machten sich die drei Männer weiter auf ihren Weg, bis sie zu ihrem Ziel kamen und ihr Leben wunderschön wurde.

Lied: Geh mit uns, Refr. (Tr 724)

Frohe Botschaft

Hinführung

Liebe Kinder, so wie die drei Menschen aus unserer Geschichte haben sich auch die Heiligen Drei Könige aufgemacht, um den Sinn ihres Lebens zu suchen und zu finden. Im Evangelium wird uns ihre Geschichte erzählt.

Lied: In den Gedanken und Worten mein (Nr. 14)

Evangelium

Als Jesus in Bethlehem geboren wurde, machten sich die Drei Könige auf den Weg, dem Stern, den sie aufgehen sahen, zu folgen. Jeder sah ihn in seiner Heimat aufgehen und gemeinsam kamen sie in Bethlehem an. Als sie Jesus fanden, freuten sie sich sehr. Sie knieten sich vor ihm nieder und legten ihre Geschenke nieder: Gold, Weihrauch und Myrrhe. Sie lobten Gott und dankten ihm, weil sie am Ziel ihres Weges angekommen waren.

Jesuskind wird in die Mitte zum Kreuz gelegt.

Wie die Drei Könige, so machen wir uns jetzt auf den Weg zur Krippe und entzünden als Zeichen unserer Gaben ein Licht.
Kinder bekommen ein Licht, entzünden es an der Krippe, ziehen in einer Prozession durch den Raum und stellen das Licht an der Krippe ab.

Dazu Lied: Ihr Kinderlein, kommet

Fürbitten

Auch wir sind wie die Drei Könige auf dem Weg. Wir suchen einen, der unser Leben schön und hell macht. So beten wir:
Nach jeder Fürbitte singen wir:

Lied: Geh mit uns, Refr. (Tr 724)

- Begleite uns auf unserem Weg, und hilf uns den Frieden zu finden.
- Begleite uns auf unserem Weg, und hilf uns die Liebe zu finden.
- Begleite uns auf unserem Weg, und hilf uns die Freude zu finden.
- Begleite uns auf unserem Weg, und hilf uns das Glück zu finden.
- Begleite uns auf unserem Weg, und hilf uns Geborgenheit zu finden.

▼

Vater unser im Himmel …

Vaterunser

▼

Lied: Friedenslied (Nr. 11)

Friedensgruß

▼

Schlussteil

Schlussgebet
Guter Gott.
Mit den Drei Königen haben wir uns auf den Weg gemacht.
Wir wollen Jesus finden.
Jesus ist unser Heiland.
Er schenkt uns den Frieden.
Er schenkt uns die Freude, die Liebe, das Glück.
Er schenkt uns ein erfülltes Leben.
Dafür danken wir dir, guter Gott. Amen.

Segen und Verabschiedung

Lied: Er schenkt uns Freude, Str. 5–7 (Nr. 10)

Taufe des Herrn

Anlass/Themenkreis	Taufe des Herrn (Sonntag nach dem 6. Januar), Taufgedächtnis, Tauffeier
Ziel	Kinder sollen erfahren, dass die Taufe die Aufnahme in die christliche Gemeinschaft ist
Vorbereitungen	Namensschilder für alle Kinder vorbereiten und auf Bausteine kleben Taufkerzen von Kindern mitbringen lassen Evangelium mit Kindern proben Ein Symboltisch mit einer blauen Tischdecke wird in die Mitte gestellt
Weitere Materialien	Bibel Schale mit Wasser, Jesuskerze, Taufkleid Kleidung für Spielkinder (Jesus, Johannes, Leute) Orffinstrumente: Xylophon, Triangel, Becken CD-Player mit Meditationsmusik
Gottesdienstübersicht	Aufbau der Stadt Gottes Evangelium: Taufe Jesu (Lk 3,7–22) Wasserritus Lichtritus Taufkleidritus Gebet

Gottesdienstverlauf

Lied: Es läuten alle Glocken (Tr 407)

▼

Begrüßung und Hinführung

Wir haben uns hier versammelt, weil uns Gott immer wieder zur Gemeinschaft zusammenruft. Bei unserer Taufe hat uns Gott – jeden ganz persönlich – zu sich gerufen. Er hat uns bei unserem Namen gerufen. Einzigartig, unverwechselbar sind wir alle für Gott. Jeder von uns hat seinen eigenen Namen, und gemeinsam tragen wir seit der Taufe den Namen „Christen".
Damals, bei eurer Taufe, waren die meisten von euch noch kleine Babys. Eure Eltern haben euch zur Kirche getragen. Heute wollen wir miteinander die Zeichen und Symbole erleben, die bei der Taufe eine Rolle spielen.

▼

Kreuzzeichen

Bei eurer Taufe wurde das Kreuzzeichen auf eure Stirn gezeichnet. Mutter, Vater, euer Pate oder eure Patin, vielleicht auch eure größeren Geschwister haben dieses Zeichen auf eure Stirn gemacht. Deshalb beginnen wir diesen Gottesdienst ganz bewusst mit dem Kreuzzeichen und beten gemeinsam:
Im Namen des Vaters …

▼

Katechese

Wir alle haben unsere Namen auf einen Baustein geschrieben. Unseren Namen haben die Eltern für uns ausgesucht. Seit der Geburt werden wir mit unserem Namen angesprochen. Wir rufen uns beim Namen.
Mit diesen Bausteinen wollen wir jetzt hier in unserer Mitte die Stadt Gottes aufbauen. Wir alle sind ein Teil dieser Stadt. Wir alle gehören seit unserer Taufe zur Gemeinde Jesu Christi und heißen deshalb Christen. Bei jeder Taufe wird wieder ein „Baustein" zur Stadt Gottes hinzugefügt.
Kinder und Erwachsene bauen um den Symboltisch in der Mitte mit ihren Namensbausteinen eine Stadt. Dazu: Meditationsmusik

▼

Hinführung zum Evangelium

Bei jeder Taufe öffnet sich gleichsam der Himmel und Gottes Kraft stärkt den Täufling und macht ihn zu einem besonderen Kind Gottes. In der Geschichte, die wir jetzt aus der Bibel erleben, öffnet sich der Himmel, und alle Leute, die dabei sind, hören, was Gott sagt.

Lied: In den Gedanken und Worten mein (Nr. 14)

Evangelium

Das Evangelium wird von Kindern gespielt, von Erwachsenen gelesen und mit Orffinstrumenten untermalt.

Jesus ging wieder einmal durch das Land. ♫ *Xylophon*
Er erzählte den Menschen von Gott.
JESUS: „Gott ist zu euch wie ein guter Vater. Er liebt alle Menschen gleich. Denn er hat jeden Menschen nach seinem Bild erschaffen. Er will, dass es allen gut geht." ♫ *Triangel*
Während seiner Wanderschaft kam Jesus auch an den Jordan.
♫ *Xylophon*
Schale mit Wasser wird auf den Symboltisch gestellt.
Dort lebte Johannes. Er war ein Prophet und erzählte den Menschen von Gott und verkündete den Messias:
JOHANNES: „Bereitet dem Herrn den Weg. Gott will kommen. Er sendet euch den Messias. Ihr sollt ihn aufnehmen. Macht deshalb euer Herz bereit. Kehrt um, lasst das Böse, und seid gut zueinander." ♫ *Becken*
Die Leute kommen von weit her zu Johannes gelaufen und hören, was er sagt. Sie sagen:
LEUTE 1: „Wir wollen umkehren."
LEUTE 2: „Wir wollen nicht im Streit leben."
LEUTE 3: „Wir wollen ein neues, gutes Leben führen."
Wenn die Menschen ihre Umkehr wirklich ernst meinen, taucht sie Johannes in den Fluss und tauft sie mit Wasser. *Johannes schöpft deutlich sichtbar und hörbar Wasser.*
JOHANNES: „Ich taufe euch mit Wasser. Nach mir wird aber einer kommen, der euch mit der Kraft Gottes, mit seinem Heiligen Geist, tauft. Er wird euch ein neues Leben schenken." ♫ *Becken*

Auch Jesus hat Johannes zugehört. Er geht zu ihm hin und sagt:
JESUS: „Johannes, ich will, dass du auch mich taufst."

JOHANNES: „Jesus, du kommst zu mir? Du bist doch rein und ohne Sünde. Du brauchst nicht von mir getauft zu werden. Vielmehr müsstest du mich taufen."

JESUS: „Ich will es so. Ich will wie alle Menschen sein. Ich will ihnen ganz nahe sein."

So tauft Johannes Jesus. *Johannes schöpft deutlich sichtbar und hörbar Wasser. Jesus steht daneben.*

Jesus taucht ganz in das Wasser und steigt wieder heraus. Als Jesus heraussteigt, geschieht etwas Wunderbares. Der Himmel öffnet sich und Gottes Stimme ist zu hören. ♫ *Becken*

STIMME: „Dieser Jesus ist mein geliebter Sohn."

Und Gottes Kraft, der Heilige Geist, kommt wie eine Taube vom Himmel auf Jesus herab und erfüllt ihn. ♫ *Becken*

Jesuskerze wird entzündet und auf den Symboltisch gestellt.

▼ **Wasserritus**

Johannes hat Jesus mit Wasser im Jordan getauft. Wasser sehen wir auch hier in unserer Mitte. Wasser hören wir auch, wenn es sich bewegt. Schließt einmal die Augen und hört, was das Wasser uns sagt.

Kinder hören auf Wasser – hören es tropfen, rauschen, plätschern – und öffnen dann wieder ihre Augen.

Wasser erfrischt uns, es löscht den Durst, es schenkt neues Leben. Deshalb sind auch wir mit lebendigem Wasser getauft worden.

Wir wollen uns nun an unsere Taufe erinnern und dazu von diesem Wasser nehmen und es auf unsere Stirn streichen. So spüren wir, wie uns das Wasser erfrischt. Wir dürfen glauben, dass wir in der Taufe zu neuen Menschen geworden sind.

Kinder kommen zur Mitte, nehmen Wasser aus der Schale und streichen das Wasser auf ihre Stirn. Dazu singen wir:

Lied: Wasserquell (Tr 1029)

▼ **Lichtritus**

In unserer Mitte brennt die Jesuskerze. Das Licht dieser Kerze macht hell und warm. Es leuchtet in der Dunkelheit. Auch Jesus ist das Licht in der Dunkelheit: Wie die Kerze leuchtet, so macht er

unser ganzes Leben hell. Bei der Taufe haben wir unsere Taufkerzen an der Osterkerze, einer großen Jesuskerze, entzündet, weil wir selbst zum Licht in der Welt werden sollen.
Wir wollen uns nun an unsere Taufe erinnern und ganz bewusst unsere Taufkerze an der Jesuskerze entzünden.
Kinder kommen zur Mitte und entzünden ihre Taufkerzen an der Jesuskerze und stellen sich im Kreis. Dazu singen wir:

Lied: Du bist das Licht der Welt (Tr 1078)

Kinder stellen ihre Kerzen um das Mittelbild.

Taufkleid

▼

Wer gebadet ist, zieht sich frische Kleider an. Das ist ein Zeichen dafür, dass man sauber und rein seinen Weg weitergehen will. Deshalb haben auch wir bei unserer Taufe ein weißes Kleid angezogen bekommen. Das Kleid zeigt nach außen, dass wir schön und rein sind, weil wir mit Jesus ein neues Leben bekommen haben.
Ein Kind trägt ein Taufkleid im Kreis und legt es auf den Symboltisch.

Fürbitten

▼

Guter Gott, bei der Taufe werden wir alle in die Gemeinschaft mit dir aufgenommen. Bei Jesu Taufe hast du gesagt, dass er dein Sohn ist. Auch wir dürfen deine Kinder sein. Deshalb bitten wir dich:
Vier Kinder lesen Fürbitten mit den entsprechenden Zeichen aus der Mitte. Nach jeder Fürbitte singen wir:

Lied: Ich wünsche mir gar sehr (Nr. 12)

- *Kind mit Namensbaustein:* Bei der Taufe hast du uns bei unserem Namen gerufen. Lass uns immer auf deinen Ruf hören, damit unser Leben gut wird.
- *Kind mit Wasserschale:* Bei der Taufe wurden wir mit Wasser übergossen. Lass uns in unserem Leben immer wieder deinen erfrischenden Geist spüren.
- *Kind mit Taufkerze:* Bei der Taufe wurde unsere Taufkerze entzündet. Lass uns dein Licht an allen Tagen sehen und dieses Licht auch an andere weitergeben.
- *Kind mit Taufkleid:* Bei der Taufe wurde uns das weiße Kleid

angezogen. Lass uns so leben, dass andere erkennen, dass wir zu Jesus gehören.

Vaterunser

▼

Als getaufte Christen dürfen wir Gott als unseren Vater ansprechen. So wollen wir zu ihm beten:
Vater unser im Himmel …

Friedensgruß

▼

Als getaufte Christen leben wir zusammen und glauben daran, dass Gott für uns alle das Gute will. Deshalb dürfen wir den Frieden Jesu erfahren, indem wir ihn jetzt weiterschenken mit einem Lächeln und einem Händedruck.

Lied: Gib uns Frieden jeden Tag (Tr 284)

Schlussteil

▼

Schlussgebet
Guter Gott.
Bei der Taufe Jesu hat sich der Himmel geöffnet.
Dein Heiliger Geist ist auf Jesus gekommen.
Auch bei unserer Taufe hast du uns deinen Geist geschenkt.
Lass uns als begeisterte Christen leben.
Amen.

Segen und Verabschiedung

Kinder holen ihre Taufkerzen aus der Mitte und gehen nach Hause.

Lied: Gottes guter Segen sei mit euch (Tr 1042)

Darstellung des Herrn im Tempel

Anlass/Themenkreis	Darstellung des Herrn (2. Februar)
Ziel	Kinder sollen erfahren, dass Jesus für uns das Licht der Welt ist
Vorbereitungen	Geschichte mit Kindern proben (Simeon, Maria, Josef, vier Lichterkinder) Ein Tempel aus Bausteinen wird in die Mitte gebaut
Weitere Materialien	Bibel Goldene Kuppeln (Bausteine in Goldpapier eingewickelt) Simeonfigur Kleidung für Spielkinder (Simeon, Maria, Josef) Jesuskind Jesuskerze Vier Kerzen für Lichterkinder, Lichter für alle Kinder zum Tanz und zum Segen, fünf Lichter für Fürbitten Orffinstrumente: Glockenspiel, Triangel, Xylophon, Becken, Trommel CD-Player mit Meditationsmusik
Gottesdienstübersicht	Katechese Evangelium: Simeon sieht das Licht der Welt (Lk 2,21–35) Lichtritus Gebet Einzelsegnung der Kinder mit Lichtern

Gottesdienstverlauf

Lied: Es läuten alle Glocken (Tr 407)

▼

Begrüßung und Hinführung

Schön, dass ihr alle gekommen seid, um mit uns heute wieder Gottesdienst zu feiern. Ihr habt die Glocken gehört und seid hierher gekommen. Ihr habt euch auf den Weg gemacht zum Gotteshaus. Die Weihnachtszeit ist schon lange vorbei. Der Alltag ist wieder eingekehrt. (Die Faschingszeit hat bereits begonnen.) Mit dem Fest, das wir heute feiern, werden wir gleichsam noch einmal an Weihnachten erinnert. Wir feiern heute das Fest „Darstellung des Herrn im Tempel". Es wurde lange Zeit auch „Mariä Lichtmess" genannt. Mit diesem Fest wurde früher die Weihnachtszeit beendet. Maria und Josef bringen ihr Kind nach Jerusalem in den Tempel. Sie bringen es zu Gott, so wie eure Eltern euch bei der Taufe ganz bewusst zur Kirche getragen haben und Ja zum Glauben an Gott gesagt haben.

▼

Kreuzzeichen

So beginnen wir diesen Gottesdienst mit dem Zeichen, in dem wir getauft wurden, und beten gemeinsam:
Im Namen des Vaters …

▼

Katechese

Hier in unserer Mitte ist etwas aufgebaut. An was erinnert uns dieses Bauwerk?
Kinder sagen ihre Assoziationen.
Das Gebäude in unserer Mitte ist kein normales Haus. Es ist größer und hat Platz für viele Menschen. Es ist auch schöner als ein normales Haus. Es ist wertvoller, weil es das Haus für alle Menschen und das Haus Gottes ist. Dieses Gotteshaus stand in Jerusalem. Man nannte es „Tempel" und glaubte, dass darin Gott wohnte. Deshalb kamen damals die Menschen in diesem Tempel zusammen, um ganz nahe bei Gott zu sein. Sie beteten und sangen ihre Lieder – so wie wir es auch heute noch in unserer Kirche tun. Der Tempel in Jerusalem war mit ganz viel Gold geschmückt, weil er ganz wichtig für die Menschen war. Deshalb wollen wir jetzt

auch den Tempel in unserer Mitte mit Gold(kuppeln) schmücken.
Kinder schmücken den Tempel mit Gold(kuppeln). Dazu: Meditationsmusik

Im Tempel von Jerusalem waren jeden Tag viele Menschen. Einer, Simeon, war immer dort. Jeden Tag betete er zu Gott, jeden Tag sang er die Psalmen seines Volkes.
Simeonfigur wird von einem Kind im Kreis getragen und in den Tempel gestellt. Dazu singen wir:

Liedruf: Biblische Menschen, Str. „Simeon" (Nr. 3)

Simeon geht jeden Tag in den Tempel, weil er auf etwas wartet.
Auf was warten wir jeden Tag?
Kinder nennen Beispiele ihrer Erwartungen (Geburtstag, Fest, Freund, Geschenk, Ferien ...)
Auf was könnte Simeon gewartet haben?
Kinder nennen Beispiele für Simeons Erwartungen.
Simeon hat damals auf den Messias, auf den Erlöster, gewartet, so wie er es in den alten Schriften gelesen hatte, die ihm ganz viel Hoffnung gemacht haben.
In der Geschichte erfahren wir nun, wie die Erwartung des Simeon in Erfüllung gegangen ist.

Frohe Botschaft

▼

Lied: In den Gedanken und Worten mein (Nr. 14)

Evangelium
Das Evangelium wird von Kindern gespielt, von Erwachsenen gelesen und mit Orffinstrumenten untermalt.

In Jerusalem lebt ein Mann. Sein Name ist Simeon. Er ist ein Prophet und liest immer in den Heiligen Schriften. Mit anderen gelehrten Menschen unterhält er sich darüber, wie Gott in seiner Welt erscheinen kann. Er ist schon sehr alt und deshalb denkt er auch daran, dass er bald sterben muss. Jeden Tag kommt er in den Tempel, um zu beten. ♫ *Glockenspiel*

SIMEON: „Gott, sende uns den Messias. Ich warte schon mein ganzes Leben auf ihn. Ich will ihn noch sehen, bevor ich sterben muss. Ich glaube daran, dass der Messias das Licht in der Dunkelheit ist. Gott, du hast mir doch gesagt, dass ich den Messias noch erleben werde." ♫ *Triangel*

Alle Kinder setzen sich mit offenen Händen hin und warten eine Weile wie Simeon.

In jener Zeit sind Josef und Maria mit ihrem neugeborenen Sohn unterwegs zum Tempel in Jerusalem. Jesus ist 40 Tage alt.
♫ *Xylophon*
Mit diesem Alter wurden alle Kinder in Israel Gott geweiht, und die Eltern haben sich bei Gott für ihr Kind bedankt. Dabei war es Brauch, dass man ein Geschenk für Gott in den Tempel brachte. Das Geschenk sollte Zeichen sein, dass alles von Gott kommt, dass ihm alles gehört. Maria und Josef brachten deshalb zwei weiße Tauben mit in den Tempel, das Opfer armer Leute. ♫ *Xylophon*
Maria und Josef ziehen mit vier „Lichterkindern" durch die Kirche. Alle anderen Kinder schließen sich der Prozession an. Dazu singen wir:

Lied: Aufstehn, aufstehn (Nr. 2)

Die Kinder setzen sich wieder auf ihre Plätze, Maria und Josef bleiben mit den Lichterkindern vor dem Tempel stehen.

Simeon im Tempel spürt an diesen Tag, tief in seinem Herzen:
SIMEON: „Heute ist der Tag gekommen, an dem ich den Messias schauen darf. Ich spüre es ganz deutlich. Die Zeit ist da. Gott sei Dank!" ♫ *Becken*

Maria und Josef gehen mit Jesus in den Tempel hinein.
♫ *Xylophon*
Simeon wird es ganz warm ums Herz. Er spürt, dass sich jetzt die Verheißung erfüllt. Der Messias ist ganz nah. ♫ *Becken*
Simeon steht auf und geht dem Kind entgegen. Er nimmt es in seine Arme und wird ganz zufrieden. Er trägt das Kind. Er spürt die Wärme und das Licht, das von Jesus ausgeht. ♫ *Becken*
Er neigt sein Gesicht ganz nah zum Kind. Jesus lacht ihn an. Jetzt weiß Simeon:
SIMEON: „Ich trage das Leben in der Hand. Ich trage das Licht der Welt in meiner Hand. Ich habe nicht umsonst mein ganzes Leben lang gewartet. Nun kann ich in Frieden sterben, denn

meine Augen haben das Heil der Welt gesehen, Jesus Christus, meinen Heiland." ♫ *Triangel*

Alle Kinder dürfen das Jesuskind in ihren Händen halten und geben es behutsam weiter. Dazu: Meditationsmusik.

Simeon nimmt das Jesuskind und hält es zu Maria hin. Dabei spricht er:

SIMEON: „Dein Kind ist ein ganz besonderes Kind. Es ist der Messias Gottes. Er wird viele Menschen zu Gott führen und von Gott erzählen." ♫ *Becken*

Maria und Josef wundern sich über die Worte des Simeon. Solche Worte haben sie noch niemals gehört.

SIMEON: „Aber dein Kind wird auch viel leiden müssen, weil die Menschen seine Botschaft nicht verstehen wollen. Auch du, Maria, wirst als seine Mutter mit ihm leiden." ♫ *Trommel*

Maria wird ganz still. Ganz tief in ihrem Herzen merkt sie sich die Worte des Propheten Simeon. Sie spürt: Jesus ist ein besonderes Kind, er ist der Heiland. Er ist der Retter der Welt. Er ist das Licht für die Menschen. ♫ *Triangel*

Das Jesuskind und die Bibel werden in den Tempel zur Simeonfigur gelegt. Die Kerzen werden dazugestellt. Die Spielkinder gehen auf ihre Plätze.

Lichtritus

▼

Entzünden der Jesuskerze

Als Zeichen dafür, dass Jesus das Licht der Welt ist, wollen wir die Jesuskerze entzünden und bei uns im Kreis tragen, damit wir alle spüren, dass Jesus unser Leben hell macht. *Dazu singen wir:*

Lied: Zündet an das helle Licht (Nr. 25)

Jesuskerze wird in Tempel gestellt. Die Kinder erhalten Lichter, entzünden sie an der Jesuskerze und stellen sich zum Tanz um den Tempel auf.

Tanz zu meditativer Musik

Lichter werden anschließend um den Tempel gestellt.

Fürbitten

▼

Guter Gott. Jesus, dein Sohn, ist das Licht, das allen Menschen erschienen ist. Simeon hat ihn erkannt. Hilf uns, dass auch wir Jesus in unserem Leben erkennen und Licht für andere sein können. *Fünf Kinder lesen Fürbitten mit Lichtern in den Händen. Anschließend werden die Lichter zum Tempel gestellt. Nach jeder Fürbitte singen wir:*

Lied: Jesus – Licht unseres Lebens, Refrain (Nr. 18)

- Jesus, du bringst Licht zu den Traurigen. Lass auch uns dein Licht zu allen Menschen tragen, die traurig sind.
- Jesus, du bringst Licht zu den Armen. Lass auch uns dein Licht zu allen Menschen tragen, die arm sind.
- Jesus, du bringst Licht zu den Mutlosen. Lass auch uns dein Licht zu allen Menschen tragen, die mutlos sind.
- Jesus, du bringst Licht zu den Alten. Lass auch uns dein Licht zu allen Menschen tragen, die alt sind.
- Jesus, du bringst Licht zu den Kranken. Lass auch uns dein Licht zu allen Menschen tragen, die krank sind.

Vaterunser

▼

So, wie Simeon immer mit den Worten gebetet hat, die er in den Heiligen Schriften gelesen hat, wollen auch wir jetzt mit den Worten beten, die Jesus uns gelehrt hat:
Vater unser im Himmel …

Friedensgruß

▼

Bei der Begegnung im Tempel mit Jesus hat Simeon einen tiefen Frieden gespürt. Um diesen Frieden, der von Jesus ausgeht, wollen wir nun im Lied bitten.

Lied: Herr, gib uns deinen Frieden (Tr 293)

Schlussteil

▼

Schlussgebet
Lieber Gott.
Simeon hat sein Leben lang auf Jesus gewartet.
Er durfte das Licht der Welt sehen.

Er durfte das Leben in seinen Händen halten.
Schenke auch uns Geduld zum Warten.
Lass auch uns in Jesus das Licht erfahren.
Lass uns dieses Licht weitertragen zu den Menschen.
Amen.

Segen und Verabschiedung

Kinder werden einzeln gesegnet. Dazu bekommen sie ein Licht aus der Mitte, das sie dann mit nach Hause nehmen.
Zur Segnung sprechen wir:
Jesus macht dein Leben hell, N., er liebt dich und segnet dich. Im Namen des Vaters und des Sohnes und des Heiligen Geistes. Amen.

Lied: Du bist das Licht der Welt (Tr 1078)

Lieder

1. Adventliche Zeichen

2. Zeichen für uns in der dunklen Zeit
   damit es hell wird hier weit und breit,
   ist das Kerzenlicht, ist das Kerzenlicht.

3. Zeichen für uns in der stillen Zeit,
   in der wir öffnen die Herzen weit,
   ist der Tannenzapfen, ist der Tannenzapfen.

4. Zeichen für uns in der suchenden Zeit,
   wo es uns Weg weist, drum seid bereit,
   ist der helle Stern, ist der helle Stern.

Text und Musik: Doris Hopf

2. Aufstehn, aufstehn

2. Mitgehn, mitgehn, mitgehn in das Haus des Herrn, in das Haus des Herrn.

3. Einziehn, einziehn, einziehn in das Haus des Herrn, in das Haus des Herrn.

4. Freu dich, freu dich, freu dich mit im Haus des Herrn, dich im Haus des Herrn.

5. Sing mit, sing mit, sing mit uns im Haus des Herrn, sing im Haus des Herrn.

6. Tanzen, tanzen, tanz jetzt mit im Haus des Herrn, tanz im Haus des Herrn.

7. Bete, bete, bete du im Haus des Herrn, bet im Haus des Herrn.

Weitere Strophen:
klatschen ..., wiegen ..., stampfen ..., hüpfen ...

Text und Musik: Doris Hopf

3. Biblische Menschen

Text und Musik: Doris Hopf

4. Effata, effata

2. Ich öffne meine Ohren …

3. Ich öffne meine Hände …

4. Ich öffne dir mein Herz …

5. Ich öffne mich dir ganz,
ich weiß, dass ich es kann.
Deswegen fang ich jetzt
in mir zu leben an.

Text und Musik: Doris Hopf

5. Ein armer, armer Mann (Sankt-Martins-Lied)

Transportiert von „G“ nach „F“

2. Ihm ist so kalt. Er friert so sehr. Wo kriegt er etwas Warmes her?
   Er hört kein …

3. Der Hunger tut dem Mann so weh und müde stapft er durch den Schnee.
   Er hört kein …

4. Da kommt daher ein Reitersmann, der hält sogleich sein Pferd hier an.
   Er sieht den Mann im Schnee und fragt: „Was tut dir weh?“
   Er sieht den Mann im Schnee und fragt: „Was tut dir weh?“

5. Er teilt den Mantel und das Brot und hilft dem Mann in seiner Not, so gut er helfen kann.
   Sankt Martin heißt der Mann. Er hilft so gut er kann. Sankt Martin heißt der Mann.

6. Zum Martinstag steckt jedermann leuchtende Laternen an. Vergiss den andern nicht.
Drum brennt das kleine Licht. Vergiss den andern nicht, drum brennt das kleine Licht.

Text: Rolf Krenzer
Musik: Peter Janssens
Aus: Kommt alle und seid froh, 1982

6. Ein bisschen so wie Martin

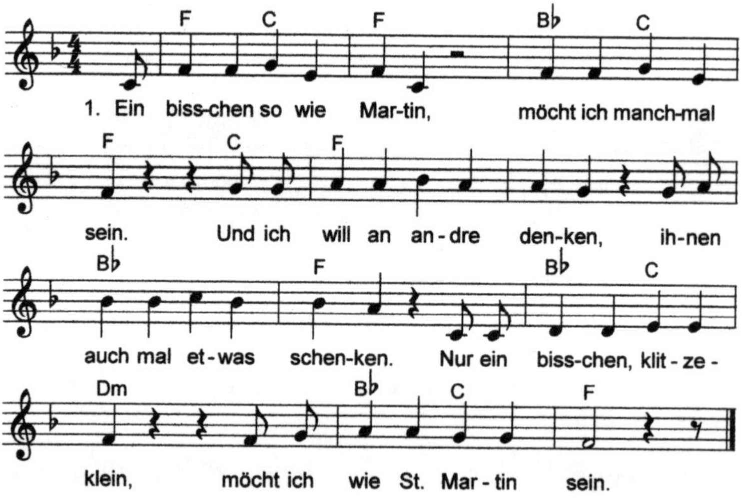

2. Ein bisschen so wie Martin möcht ich manchmal sein.
Und ich will auch mit dir teilen, wenn du rufst, schnell zu dir eilen.
Nur ein bisschen, klitzeklein, möcht ich wie St. Martin sein.

3. Ein bisschen so wie Martin möcht ich manchmal sein.
Und ich schenk dir mein Vertrauen, du kannst immer auf mich bauen.
Nur ein bisschen, klitzeklein, möcht ich wie St. Martin sein.

4. Ein bisschen so wie Martin möcht ich manchmal sein.
Und ich möcht dich nicht verpetzen oder gegen andre hetzen.
Nur ein bisschen, klitzeklein, möcht ich wie St. Martin sein.

5. Ein bisschen so wie Martin möcht ich manchmal sein.
Und ich will im Streit nicht leben, dir die Hand zum Frieden geben.
Nur ein bisschen, klitzeklein, möcht ich wie St. Martin sein.

Musik: Paul G. Walter
Text: Elke Bräunling

7. Ein Kind will zu uns kommen

2. Das Kind, im Stall geboren, auf Heu und auch auf Stroh,
bringt Licht in unser Dunkel, macht unsere Herzen froh.

3. Ja, wenn das Kind gekommen, wird unsre Erde grün;
die Blumen, Sträucher, Bäume, die ganze Welt wird blühn.

4. Die Tauben werden hören, die Blinden werden sehn,
die Stummen werden reden, die Lahmen werden gehn.

5. Wer trauert, der wird lachen, wer weint, wird fröhlich sein,
wer mutlos ist, wird hoffen. Kein Mensch ist mehr allein.

6. Wer sich verirrt, verlaufen, wer weiß nicht aus noch ein,
das Kind wird ihn heimführen, ihm guter Hirte sein.

7. So lasst uns rufen, bitten: Ja, komm, Herr Jesus Christ;
ja komm, mach neu die Erde, der du das Leben bist.

Text und Musik: Franz Kett
Aus: Religionspädagogische Praxis, Handreichung für elementare Religionspädagogik, Jhg. 1988, Nr. III, S. 24; „Himmel und Erde freuen sich"

8. Eines Tages kam ein junger Mann

Text und Musik: Doris Hopf

9. Engel begleiten

2. Jakob sieht träumend zur Nacht empor,
ein Engel spricht zu ihm am Himmelstor.
Bringt ihm frohe Botschaft, verändert sein Tun.
Hoffnung auf Gottes Nähe lässt ihn friedlich ruhn.

3. Ein Engel, Raphael genannt,
Tobias, den nimmt er fest an der Hand.
Bringt ihm frohe Botschaft, sagt zu, dass Gott ihn hält.
„Du bist nicht mehr alleine, Gott ist in deiner Welt."

4. „Steh auf und iss!", sagt ein Engel hier.
Gestärkt wird Elija „Gott geht mit dir."
Bringt ihm frohe Botschaft, stärkt ihn mit Lebensmut,
gibt ihm neue Kraft zu gehen, alles wird wieder gut.

5. Hören die Hirten der Engel Wort
von Jesu Geburt: „Geht los, sucht ihn dort!"
Er bringt frohe Botschaft, macht euer Leben licht.
Er erfüllt die Sehnsucht, Gott verlässt euch nicht!"

Text und Musik: Doris Hopf

10. Er schenkt uns Freude

2. Ja, Gott verzeiht uns unsre Schuld
uns jeden Tag aufs Neue.
Taucht uns in den Himmel hinein.
Dort kann die Freude von dir, Jesus, sein. (2x)

3. Auf allen Wegen, guter Gott,
gehst du mit uns durchs Leben.
Schützt uns alle Groß und Klein.
Dort kann die Freude von dir, Jesus, sein. (2x)

4. Wenn wir sind ohne Kraft und Mut,
stärkst du uns immer wieder.
Du hauchst neues Leben uns ein.
Dort kann die Freude von dir, Jesus, sein. (2x)

5. Begleitest uns auf unserm Weg
Und hilfst uns Freude finden.
Hören wir tief in uns hinein.
Dort kann die Freude von dir, Jesus, sein. (2x)

6. So haben wir uns auf den Weg,
den weiten Weg zum Stall gemacht,
um zu finden das wahre Ziel.
Dort kann die Freude von dir, Jesus, sein. (2x)

7. Wir singen dieses Lied zu Gott
von unsrer tiefen Sehnsucht:
Liebe, Friede auf dieser Welt.
Dort kann die Freunde von dir, Jesus, sein. (2x)

8. Wer dieses Lied der Freude singt,
spürt Gott nah bei uns Menschen.
Finden wir den Gottessohn.
Hier kann die Freude von dir, Jesus, sein. (2x)

Text und Musik: Doris Hopf

11. Friedenslied

Text und Musik: Doris Hopf

12. Ich wünsche mir gar sehr

2. Der dann zu mir hält in schwerer Zeit,
mich nicht allein lässt, der teilt mein Leid.
Da ist jemand, der macht mir viel Mut,
ich bin nicht allein, das tut mir gut.

Text und Musik: Doris Hopf

13. Im Advent, im Advent

2. Im Advent, im Advent
ist das Licht erwacht,
und es leuchtet und es brennt
durch die dunkle Nacht.
Seid bereit! Seid bereit!
Denn der König des Friedens
ist nicht mehr weit.
Seid bereit! Seid bereit!
Ja, der König des Friedens,
der uns befreit.

3. Im Advent, im Advent
ist das Licht erwacht,
und es leuchtet und es brennt
durch die dunkle Nacht.
Seid bereit! Seid bereit!
Gottes Sohn, unser Bruder
ist nicht mehr weit!
Seid bereit! Seid bereit!
Gottes Sohn, unser Bruder,
der uns befreit.

4. Denn es geht im Advent
um ein heller Schein.
Wenn er leuchtet, wenn er brennt,
wird er in uns sein.
Nicht mehr weit! Nicht mehr weit!
Gottes Kind in der Krippe,
das uns befreit.
Nicht mehr weit! Nicht mehr weit!
Gottes Kind in der Krippe!
Drum seid bereit!

Text: Rolf Krenzer
Musik: Detlev Jöcker
Aus: Buch, CD und MC: „Weihnachten ist nicht mehr weit“

14. In den Gedanken und Worten mein

Text und Musik: Doris Hopf

15. In die Welt tragt ein Licht

2. Zu den Kindern tragt ein Licht …

3. Zu den Kranken tragt ein Licht …

4. Zu den Alten tragt ein Licht …

5. Zu den Traurigen tragt ein Licht …

6. Zu den Armen tragt ein Licht …

7. Zu den …

Text und Musik: Doris Hopf

16. Ja, dann ist Advent

2. Kommt, wir schauen in das Licht,
das hell leuchtet und verspricht:
Gottes Kind wird *Freundschaft* bringen,
lasst uns freuen, lasst uns singen!
Wenn die *zweite* Kerze brennt,
ja, dann ist Advent.

3. Kommt, wir schauen in das Licht,
das hell leuchtet und verspricht:
Gottes Kind wird *Liebe* bringen,
lasst uns freuen, lasst uns singen!
Wenn die *dritte* Kerze brennt,
ja, dann ist Advent.

4. Kommt, wir schauen in das Licht,
das hell leuchtet und verspricht:
Gottes Kind wird *Frieden* bringen,
lasst uns freuen, lasst uns singen!

Wenn die *vierte* Kerze brennt,
ja, dann ist Advent.

Text und Musik: Detlev Jöcker
Aus: Buch, CD und MC: „Hört ihr alle Glocken läuten“

17. Jesus, du bist für uns das Licht

2. Jesus, du bist für uns das Brot des Lebens, das Brot des Lebens.

3. Jesus, du bist für uns der Weg des Lebens, der Weg des Lebens.

4. Jesus, du bist für uns Freude des Lebens, Freude des Lebens.

5. Jesus, du bist für uns die Hoffnung, bist für uns Hoffnung.

6. Jesus, du bist Verbindung zwischen Himmel und unsrer Erde.

Text und Musik: Doris Hopf

18. Jesus – Licht unseres Lebens

2. Mose, er erkennt im Dornbusch dieses helle Licht …

3. Engel bringen, welch ein Leuchten, dieses helle Licht …

4. Luzia bringt den armen Menschen dieses helle Licht …

5. Ja, wir alle sind es selber, dieses helle Licht …

6. Lasst es uns nach draußen tragen, dieses helle Licht …

Text und Musik: Doris Hopf

19. Öffnet eure Hände

Weitere Strophen: Öffnet eure Ohren, Augen, Herzen, Liebe …

Text und Musik: Doris Hopf

20. Offen kommen wir zu dir

Weitere Strophen: Fülle sie mit Liebe …, Freude .., Leben aus

Text und Musik: Doris Hopf

21. Sankt-Martins-Lied

2. Martin, Martin, guter Mann,
   reite unserm Zug voran!
   In die dunkle Nacht hinein
   leuchtet der Laternenschein,
   dass uns jeder sehen kann,
   Martin, Martin, guter Mann,
   Martin, Martin, guter Mann.

3. Martin, Martin, guter Mann,
   reite unserm Zug voran!
   Hilf, dass der, der reich und satt,
   mit dem teilt, der gar nichts hat,
   so wie du es einst getan,
   Martin, Martin, guter Mann,
   Martin, Martin, guter Mann.

Text: Rolf Krenzer
Musik: Ludger Edelkötter
Aus: Wir feiern heut ein Fest

22. Schaut, das Licht

2. Es schenkt Wärme, Wärme uns zum Leben.
Kommt, lasst es uns allen weitergeben.
Ja, wir feiern den Advent,
wenn am Kranz die zweite Kerze brennt.

3. Es schenkt Liebe, Liebe uns fürs Leben.
Kommt, lasst es uns allen weitergeben.
Ja, wir feiern den Advent,
wenn am Kranz die dritte Kerze brennt.

4. Es weist Richtung, Richtung unserm Leben.
Kommt, lasst es uns allen weitergeben.
Ja, wir feiern den Advent,
wenn am Kranz die vierte Kerze brennt.

Text und Musik: Doris Hopf

23. Wege gehen, Wege gehen wir tagaus, tagein

Aus: Religionspädagogische Praxis, Handreichung für elementare Religionspädagogik, Jhg. 1993, Nr. III, S. 10, „Der Weg nach Bethlehem“
Text: Franz Kett

24. Wir beten dich an

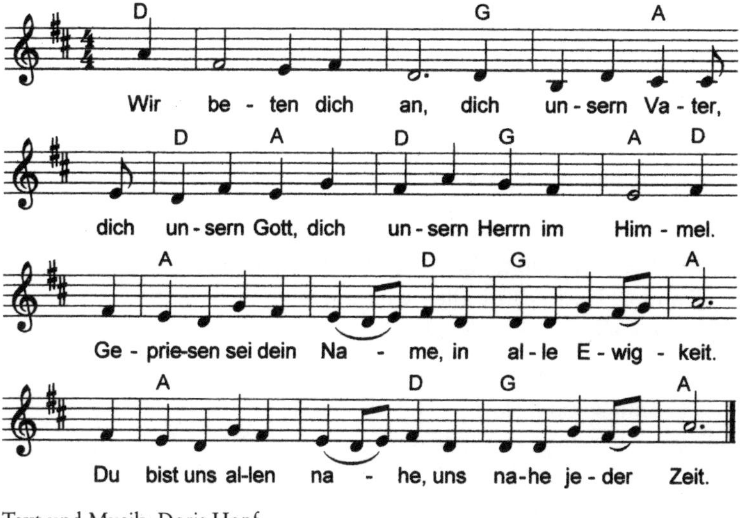

Text und Musik: Doris Hopf

25. Zündet an das helle Licht

Text und Musik: Franz Kett
Aus: Religionspädagogische Praxis, Handreichung für elementare Religionspädagogik, Jhg. 1985, Nr. II, S. 41f, „Was ihr dem geringsten …“